Dieter Balle

„Komm! ins Offene, Freund!“

Unterwegs mit Friedrich Hölderlin im deutschen Südwesten

verlag regionalkultur

Vorwort

Das Neckartal ist für Friedrich Hölderlin Heimat und entscheidender Lebens- und Schaffensraum – schließlich verbrachte er fast 60 seiner 73 Lebensjahre in unmittelbarer Nähe dieser Flusslandschaft. Die Landschaften am Neckar waren ihm Inspiration zu Naturbildern und zugleich Folie für die Imagination idealischer hellenischer Landschaften in seinen dramatischen Werken. Gefühle und sinnliche Wahrnehmungen sind so zu inneren Bildern und Sprachbildern geworden. So wie *der Mutter Haus* in Nürtingen bis zur Erkrankung das Zentrum des zwischenmenschlichen Heimatgefühles war, so bildeten die Landschaften des Neckars zwischen Heidelberg und Tübingen die Basis seines Naturempfindens.

Was für ein Staunen, als er 18-jährig erstmals auf seinem Ritt von Maulbronn nach Speyer kommt und der Weite der Rheinebene und der Breite des Rheins gewahr wird und seinen Horizont erweitert.

Genau das will er. Immer wieder treibt es ihn hinaus in die Welt, zu neuen Erfahrungen, zu neuen Herausforderungen auf der Suche nach den Idealen der Schönheit und der Harmonie, die nur die Dichter schaffen können. Davon ist er überzeugt, auch wenn der eigene durchschlagende Erfolg ausbleibt und er immer wieder geschlagen in die Heimat zurückkehrt.

Die beschriebenen Hölderlin-Orte und Wege sind auf den deutschen Südwesten beschränkt, zu dem wir großzügigerweise auch Frankfurt und Bad Homburg zählen, weil die Nutzer*innen dieses Büchleins die Möglichkeit haben sollten, in einem Tagesausflug die Hölderlin-Orte zu besuchen und seine Wege zu erwandern oder mit dem Fahrrad und E-Bike zu „erfahren". Die außerhalb Südwestdeutschlands liegenden Orte wie Hauptwil (Schweiz), Bordeaux (Frankreich) oder Jena und Waltershausen in Thüringen kommen für Tagesausflüge aus dem Südwesten nicht in Frage und werden deshalb vernachlässigt, zumal es sich hier meist um recht kurze Aufenthalte des Dichters gehandelt hat, die keinen entscheidenden Einfluss auf den Lauf seines Lebens hatten.

Unsere ausführlich beschriebenen Wander- und Fahrradtouren folgen den Orten und Wegen, die Hölderlin zu seiner Zeit um 1800 sicher anders erlebt hat als wir Menschen des 21. Jahhunderts, in einer Welt, in der die Triebkräfte des Kapitals fast jede Landschaft und jeden Ort einer steten Veränderung und Verwertung unterworfen haben. Und trotzdem: Bei einer stillen Einkehr am Neckar können auch heute noch Hölderlin'sche Sprachbilder erwachen oder bei einer Ruhepause auf einer Bank am Weiher des Homburger Schlosses erscheinen plötzlich die Schwäne und gelben Birnen der *Hälfte des Lebens* (siehe unten & S. 117) vor dem geistigen Auge.

Die Texte zu den einzelnen Orten werden ergänzt von Themen-Blöcken und Portraits von Menschen, die eine wichtige Rolle im Leben Hölderlins gespielt haben, allen voran Suzette Gontard, die Diotima seiner Dichtung, oder der Diplomat und Schriftsteller Isaac von Sinclair.

Bereichert werden alle Beiträge durch Gedichte Hölderlins und Auszüge aus seinen oft vielstrophigen Oden, Hymnen und Elegien, die in ihrer sprachlichen Kraft und Schönheit von keinem anderen Dichter deutscher Zunge übertroffen wurden.

Mit einem seiner schönsten Gedichte hat sich Hölderlin gleichzeitig als Prophet in eigener Sache erwiesen: eine Hälfte des Lebens *voll mit wilden Rosen*, die andere von Mauern umgeben *sprachlos und kalt*.

Hälfte des Lebens

Mit gelben Birnen hänget
Und voll mit wilden Rosen
Das Land in den See,
Ihr holden Schwäne,
Und trunken von Küssen
Tunkt ihr das Haupt
Ins heilignüchterne Wasser.

Weh mir, wo nehm ich, wenn
Es Winter ist, die Blumen, und wo
Den Sonnenschein,
Und Schatten der Erde?
Die Mauern stehn
Sprachlos und kalt, im Winde
Klirren die Fahnen.

Hölderlin mit 22 Jahren
(Klaus Grocholl, Rheinstetten,
nach F. K. Hiemer 1792)

Inhalt

„Wo mit den Pflanzen mich einst liebend mein Vater erzog"

Die Geburtsstadt: Lauffen

Das schön an einer Neckarschlaufe gelegene Städtchen Lauffen hat – Nomen est omen – einen Läufer im Stadtwappen, der, was die Etymologie des Stadtnamens angeht, einen Irrweg einschlägt. Denn das im frühen Mittelalter erstmals erwähnte **Hlauppa** bedeutet so viel wie Stromschnelle oder Wasserfall, den es damals tatsächlich gegeben hat, als der Fluss den Mäanderhals durchbrach und wasserfallartig seinen Lauf abkürzte. Im ehemaligen Flussbett fand dann die **Zaber** ihren Weg. Im Laufe der Zeit wurde aus Hlauppa und Hlouffa bzw. Louffun schließlich Lauffen.

Bis 1914 bestand das 11 000-Einwohner-Städtchen aus zwei Teilen: dem **Dorf** links des Neckars und dem ***Städtle*** rechts des Flusses. Zwischen beiden erhebt sich die Flussinsel mit der ehemaligen Burg der **Grafen von Lauffen** aus dem 11. Jahrhundert, aus der heute das imposante Rathaus geworden ist. Vom 11. bis ins 13. Jahrhundert beherrschte das Lauffener Geschlecht der Popponen als Grafen den Kraichgau und hatte als Hauskloster das bedeutende Kloster in Odenheim.

Die Anfänge des Lauffener Frauenklosters datieren ins frühe 11. Jahrhundert, als nach 1003 auf Geheiß Kaiser Heinrichs II. ein **Benediktinerinnenkloster** gestiftet

Lauffen nach einem Aquarell von 1850

worden sein soll. Der Ort war schon seit dem 9. Jahrhundert zum Wallfahrtsort geworden, nachdem *Regiswindis*, die kleine Tochter des Ortsherren, des Grafen Ernst vom Nordgau, von ihrer Amme ermordet und in den Neckar geworfen worden war. Aus dem Benediktinerinnenkloster wurde ein Haus der Dominikanerinnen und ab 1466 unterstand es dem **Prämonstratenserinnenkloster Adelberg**. Nach der Einführung der Reformation in Württemberg wehrten sich die Nonnen gegen die Auflösung, aber 1533 musste die letzte Priorin abziehen. Fortan kam das Kloster als Wirtschaftsgut in den württembergisch-herzoglichen Besitz und wurde von einem weltlichen Verwalter, dem Klosterhofmeister, geleitet.

Dieses Amt übernahm der in Tübingen ausgebildete Jurist **Heinrich Friedrich Hölderlin** 1762 von seinem Vater Jakob, der als Klosterverwalter über 30 Jahre in Lauffen gewirkt und es zu einem ansehnlichen Vermögen gebracht hatte. Es war nur standesgemäß, dass sein Sohn Heinrich 1766 die Pfarrerstochter **Johanna Christiana Heyn** aus Cleebronn heiratete (s. Portrait: Die Mutter, S. 12–14). Ihr Erstgeborener, Johann Christian Friedrich, genannt *Fritz*, kommt am 20. März 1770 auf die Welt. Ob er in der Dienstwohnung im Amtshaus im Klosterhof das Licht der Welt erblickt hat oder in dem nahen, von Großvater Jakob erbauten großen Wohnhaus in der Nordheimer Straße 5, ist bis heute ungeklärt.

Beide Eltern Friedrich Hölderlins gehörten der so genannten *Ehrbarkeit* an, dem in Württemberg stark vom Pietismus geprägten Pfarrer- und Beamtenstand. Im Juli 1772 stirbt völlig überraschend der Vater mit 36 Jahren an

Hölderlins Vater Heinrich, der schon 1772 starb

Hölderlins mutmaßliches Geburtshaus im Klosterhof von Lauffen, Bleistiftzeichnung um 1840

einem Schlaganfall, und sechs Wochen danach bringt die junge Witwe Friedrich Hölderlins **Schwester Heinrica**, *„die liebe Rike"*, auf die Welt, zu der er bis zu seiner Erkrankung ein enges Verhältnis hat. Die vaterlose Familie muss nun die Dienstwohnung im Klosteranwesen verlassen und in das Privathaus in der Nordheimer Straße 5 umziehen.

Im Oktober 1774 heiratet Johanna C. Hölderlin zum zweiten Mal, und zwar den aus dem benachbarten Nordheim stammenden gelernten Schreiber und späteren Weinhändler **Johann Christoph Gok**, einen Freund der Familie, der ebenfalls der Ehrbarkeit angehört. Im selben Jahr zieht die Familie nach **Nürtingen**.

Obwohl Friedrich Hölderlin seinen Geburtsort schon mit vier Jahren verlassen musste, taucht Lauffen in einigen seiner Werke auf. Mit Wehmut und Sehnsucht blickt er auf das Land seiner Kindheit zurück, z. B. in seiner Elegie *Stuttgart*:

... wo mir den lieben Geburtsort
Und die Insel des Stroms blaues Gewässer umfließt.
Heilig ist mir der Ort, an beiden Ufern, der Fels auch,
Der mit Garten und Haus grün aus den Wellen sich hebt ...

Der **Wein** war schon zu Hölderlins Zeiten das wichtigste Kulturgut des Neckartales zwischen Heilbronn und Stuttgart – und ist es bis heute. Lauffen ist die zweitgrößte Weinbaugemeinde Württembergs, mit einem Schwerpunkt auf Schwarzriesling. Der *Lauffener Katzenbeißer* ist eine über die Landesgrenzen hinaus bekannte und geschätzte Lage.

Hölderlin-Orte in Lauffen

Die Spuren des großen Dichters sind an verschiedenen Orten sichtbar, die recht nah beieinander liegen.

Mit dem **Hölderlinhaus** an der Nordheimer Straße 5 und einer umfassenden Ausstellung hat Hölderlin nach langem Ringen einen angemessenen Ort der Erinnerung in seiner Geburtsstadt gefunden. Es ist wohl dem langen Atem des Lauffener Bürgermeisters und Hölderlin-Förderers Klaus-Peter Waldenberger zu verdanken, dass das lang geplante Projekt 2020 zum 250-jährigen

So sah das Hölderlinhaus vor der Sanierung aus (April 2018)

Geburtstag des Dichters Wirklichkeit werden konnte.

In dem 1750 vom Großvater grundsanierten 2 ½-stöckigen stattlichen Anwesen mit einem großen Einfahrtstor lebte die Familie Hölderlins nach dem Tod des Vaters gut zwei Jahre bis zum Umzug nach Nürtingen. Da es in Lauffen keine weitere Verwandtschaft mehr gab, kehrte Hölderlin nur noch selten in das Städtchen zurück. Als etwa 30-Jähriger besuchte er das Grab des Vaters, was in der Elegie *Stuttgart* Erwähnung fand:

… Dort begann und beginnt das liebe Leben von neuem;
Aber des Vaters Grab seh ich und weine dir schon?
Wein und halt und habe den Freund und höre das Wort das
Einst mir in himmlischer Kunst Leiden der Liebe geheilt …

Im Klosterhof finden wir das **Hölderlin-Denkmal.** Hier hat man ein bronzenes Zinkrelief, das von 1873 bis 1918 den Eingang des Amtshauses des Klosterhofmeisters zierte, nach dem Abriss desselben in einer Sandsteinfassung eingelassen. Hier liest man die Zeilen aus dem *Wanderer*:

Seliges Land! Kein Hügel in dir
wächst ohne den Weinstock,
Nieder ins schwellende Gras regnet
im Herbste das Obst.
Fröhlich baden im Strome den Fuß
die glühenden Berge,
Kränze von Zweigen und Moos
kühlen ihr sonniges Haupt …

Hölderlin-Denkmal im Klosterhof

Ein beeindruckendes, nicht zu übersehendes Zeugnis des Hölderlin-Gedenkens ist das Kunstwerk **Hölderlin im Kreisverkehr** von Peter Lenk an der Ortseinfahrt ein paar Schritte vom Klosterhof entfernt. Auf einem zum riesigen „H" montierten Stangengerüst hat der Künstler (u. a. Schöpfer der *Imperia* im Konstanzer Hafen) alle wichtigen Figuren und Lebensstationen Hölderlins drapiert. Er balanciert mit den Titanen **Schiller** und **Goethe** auf einem übergroßen Federkiel, wobei Goethe als Zeichen der Nichtachtung in Richtung Hölderlin den Daumen senkt. Obenauf der **Herzog Karl Eugen** als ungeliebter Landesherr mit dem Hirsch als württembergisches Wappentier. Nicht fehlen darf auch die **Diotima**, das idealisierte Frauenbild, von Hölderlin entdeckt in seiner großen und schließlich im Unglück endenden Liebe zu **Suzette Gontard** (s. S. 105ff.). Auf der anderen Seite kommt **Nietzsche**, der große Hölderlin-Verehrer, auf dem Fahrrad daher.

Hölderlin im Kreisverkehr mit Goethe, Schiller, Diotima und Co

Portrait: Johanna, geb. Heyn – die Mutter

Immer im Kontrollmodus

Hölderlins Mutter **Johanna Christiana** (1748–1828) war eine **Pfarrerstochter** in guter schwäbisch-pietistischer Tradition. Ihr Vater **Johann Andreas Heyn** (1712–1772) hatte aus Sachsen-Gotha stammend zunächst die Pfarrstelle in Frauenzimmern inne, wo Johanna Christiana geboren wurde, und war 1753 bis zu seinem Tod in gleicher Funktion in Cleebronn tätig. Ihre Mutter **Johanna Rosina Sutor** (1725–1802), Pfarrerstochter aus dem nahen Güglingen, entstammte einer jahrhundertealten Pfarreraristokratie, die auf die *schwäbische Geistesmutter* **Regina Bardili** zurückging und zu deren Nachfahren nicht nur Friedrich Hölderlin zählte, sondern auch die Geistesgrößen Ludwig Uhland, Wilhelm Hauff und Friedrich W. Schelling. Hölderlins Großmutter Johanna Rosina lebte nach dem Tod des Großvaters ab 1779 bis zu ihrem Tode im Haus der Tochter.

Hölderlins Mutter Johanna Christiana als Neunzehnjährige

Die Schicksalsschläge, die Johanna Christiana Hölderlin-Gok zu überwinden hatte, waren zahlreich: Beide Ehemänner starben überraschend und jung, darüber hinaus musste sie vier ihrer sieben Kinder früh zu Grabe tragen. Aus der ersten Ehe überlebten nur Friedrich, genannt *Fritz*, und *Rike*, aus der zweiten Ehe der Sohn Karl Gok.

Ihre **pietistische Grundeinstellung** ließ es nicht zu, dass sie sich auf einen *Bund mit dem Schmerz* einlassen konnte, wie Hölderlin sie später einmal sanft ermahnte. Die alleinige Verantwortung für die vaterlose Familie und das hinterlassene nicht geringe **Erbe** beanspruchten ihre ganze Kraft; die alltägliche harte Arbeit war in pietistischem Verständnis Gottesdienst, und darin war kaum Platz für Vergnügungen jeglicher Art.

Nach ihrer Heirat mit Heinrich Hölderlin soll sie nach drei Jahren der Kinderlosigkeit das Gelübde abgelegt haben, dass ihr Erstgeborener Pfarrer werden sollte. Deshalb schickte sie Friedrich auf die Klosterschulen in Denkendorf und Maulbronn und dann auf das Stift in Tübingen. Die Mutter hielt eisern an diesem Lebensziel fest, ganz im Gegensatz zum Sohn, der schon in früher Jugend mehr Interesse an der Dichtung zeigte als an der Predigt. Der Mutter beichtete er seine Berufung zum Dichter erst, als es nicht mehr zu verheimlichen war. Als Kompromiss verdingte er sich als **Hofmeister**, d.h. Hauslehrer bei begüterten Familien.

Die **Mutter-Sohn-Beziehung** war auch deshalb kompliziert, weil Hölderlin zeitlebens finanziell abhängig blieb. Eigentlich hätte er mit dem vom Vater ererbten Anteil auch als Dichter ohne finanzielle Sorgen leben können, aber er wagte es nicht, die Herausgabe seines Erbes einzufordern. So war er in der unschönen Lage, die *allerliebste Mutter*, die pfenniggenau Buch führte, immer wieder um Geld angehen zu müssen und den *aller gehorsamsten Sohn* zu geben. Auch dass er mit seiner Mutter über seine aufgeklärte Haltung zu Religion und Gott nicht kommunizieren konnte, machte ihm Schuldgefühle.

Später wurden mit dem Fortschreiten der Krankheit Hölderlins die Briefe an die Mutter immer weniger und formeller, bis sie im Tübinger Turmzimmer zu etwas rein Formelhaftem erstarrten, ohne jeglichen persönlichen Ton, Anhängsel an die regelmäßigen **Krankenberichte** der Familie Zimmer.

Die Mutter hat ihren kranken Sohn im Turmzimmer niemals besucht. Zu ihren Lebzeiten waren das immerhin 22 Jahre. Jedoch verwaltete sie sein Erbe und behielt auch die Vormundschaft bis zu ihrem Tode 1828. Sie wurde 80 Jahre alt.

Historischer Stadtspaziergang

Lauffens Mittelalter erlaufen!

Ausgangspunkt	Klosterhof/Hölderlinhaus
Endpunkt	Burginsel mit Rathaus, Turm und Museum
Streckenlänge	ca. 5 km, 1,5 h
Schwierigkeitsgrad	leicht

Sehenswürdigkeiten

- Regiswindiskirche und -kapelle (Führungen an einigen Sonntagen)
- Altstadt mit alter Stadtmauer und z. T. mittelalterlicher Bausubstanz
- Burg mit Turm und Museum (ÖZ: Mo–Do 8–12 Uhr, 13.30–16 Uhr, Fr 8–12 Uhr, Eintritt frei, Schlüssel im Rathaus-Sekretariat)

Einkehren unterwegs

- *Rollende Vinothek*, Am Kies, geöffnet Mai–Okt: Fr + Sa 15–22 Uhr, So 11–19 Uhr
- Weinstube *Viertelesschlotzer*, Rathausstraße 3 (Biergarten am Neckarufer, Mo + Di Ruhetag)
- Gasthaus *Zum Stadtthor*, gutbürgerliche Küche, Heilbronner Straße 17

Wegbeschreibung

Der Stadtspaziergang führt uns vom *Dörfle* links des Neckars in den gut erhaltenen und z. T. befestigten Teil des *Städtle* rechts des Neckars.

Vom **Klosterhof** bzw. **Hölderlinhaus** kommend überqueren wir die Nordheimer Straße und gehen an der alten, schön restaurierten **Ölmühle** links der Zaber Richtung **Festplatz Kies**. Kurz vor der Zabermündung überqueren wir das Flüsschen und sind auf dem Lauffener Festgelände, schön am Neckar gelegen. Am Wochenende lädt die ***Rollende Vinothek*** Lauffen, ein umgebauter

Im Mittelalter war die Regiswindiskirche Wallfahrtskirche

Gelenkbus, hier zu einem Viertele ein. Ebenfalls am Wochenende hat das **Haus am Kies** (Am Kies 1) geöffnet, wo man Kunst und Kunsthandwerk besichtigen bzw. erwerben kann. Vom Kies aus haben wir einen schönen Blick auf den Kern des *Dorfes* mit der alles überragenden Regiswindiskirche. An einer Häuserfassade das Hölderlin-Zitat: *Heilig ist mir der Ort an beiden Ufern.* Links jenseits des Flusses sticht bereits die **Rathausburg** mit dem Turm ins Auge.

Wir überqueren die Straße an der Fußgängerampel und steigen die Staffeln zur Regiswindiskirche hinauf. Die Kirche, deren ältester Vorgängerbau aus Holz ins 8. Jahrhundert datiert wird, geht auf einen ersten Steinbau im 9. Jahrhundert zurück, den der Bischof von Würzburg zur Beisetzung der Gebeine der **Ortsheiligen Regiswindis** errichten ließ (s. Kasten). Erweiterungen in romanischer und gotischer Zeit folgten. Im Mittelalter war der Bau Wallfahrtskirche, seit der Reformation ist er Evangelische Stadtkirche.

Hier wurde Friedrich Hölderlin einen Tag nach seiner Geburt am 21. März 1770 getauft. Bei der Taufzeremonie sind laut Kirchenregister neun Taufpaten anwesend, darunter die Großeltern mütterlicherseits, Pfarrer Johann Andreas Heyn und Frau Johanna Rosina sowie die Urgroßmutter mütterlicherseits Johanna Juditha Sutor.

Blick von der Regiswindiskirche zur Burginsel

Die **Regiswindiskapelle** nebenan diente ursprünglich als **Beinhaus** (Ossuarium), heute beherbergt sie den Steinsarkophag der Regiswindis. An der Außenseite des Chores der Kirche sind noch die Reste einer Ölberg-Szene des

Steinmetzes **Hans Seyfer** von 1507 zu sehen, leider stark verwittert und nur in Fragmenten erhalten.

Vom **Kirchhofplateau** hat man einen herrlichen Blick über den Neckar auf die gegenüberliegende **Flussinsel** mit der Rathausburg. Wir gehen nun die Kirchbergstraße hinunter und stoßen am Fuße auf das alte **Backhaus**, in dem die Dorfbewohner in früheren Zeiten ihr Brot backen ließen. In manchen Dörfern waren die Backhäusle bis in die 60er Jahre des 20. Jahrhunderts in Betrieb.

Das Neue Heilbronner Tor am Eingang zur Altstadt

Wir wenden uns nach links, überqueren die viel befahrene Landstraße und sehen rechts die **Alte Neckarbrücke**, die aus dem 16. Jahrhundert stammt und mit 220 Metern für lange Zeit die längste Neckarbrücke in Württemberg war. Für die Lauffener bedeutete das zwischen dem 16. und 19. Jahrhundert häufige Durchmärsche von Soldateska aller Couleur, mit den damit verbundenen unangenehmen Folgen und Belastungen, Plünderungen und anderen Schändlichkeiten.

Wir genießen den schönen Blick von der Brücke und wenden uns, nun im *Städtle* angekommen, hinter der Brücke nach rechts in die **Mühltorstraße**, wo nach wenigen Metern links ein stattlicher Fachwerkbau aus dem 17. Jahrhundert ins Auge fällt, das sogenannte **Erkerhaus**. Wir folgen der Mühltorstraße um die Kurve und nehmen bei einem kleinen Rebhang (Bushaltestelle *Spielplatz*) die *Staffeln* an der Stadtmauer vorbei hinauf zum **Neuen Heilbronner Tor**. Das barocke Stadttor mit aufgesetztem dreistöckigem Wärterhaus wurde 1772 im Zuge der neuen Chaussee von Besigheim nach Heilbronn errich-

Einigkeitslinde im Rathausgarten, links die Regiswindiskirche jenseits des Neckars

tet. Wir betreten die Altstadt mit ungemein viel noch erhaltener Bausubstanz aus den letzten Jahrhunderten via Heilbronner Straße und passieren nach wenigen Metern die **Martinskirche**, eine ehemalige Nikolauskapelle. Auch die ***Alte Kelter***, ehemals Teil einer nicht vollendeten herzoglichen Schlossanlage, die dann als städtische Kelter genutzt wurde, ist nicht zu übersehen. Ein Stück weiter unten entdecken wir rechts der Straße an der Stadtmauer ein recht kurioses Gebäude, das **Alte Gefängnis**: einem mittelalterlichen Rundturm ist ein viereckiges Wohnhäuschen aufgesetzt. Links der Straße etwas zurückgesetzt ist das **Alte Heilbronner Tor** mit einer Gefängniszelle über dem Torbogen zu sehen. An den Traditionsgasthäusern *Zum Stadtthor* und *Sonne*, einem spitzgiebeligen mittelalterlichen Fachwerkhäuschen vorbei, erreichen wir die Brücke zur **Burginsel**, unter uns der der Schifffahrt dienende Neckararm mit der Schleusenanlage ein Stück flussaufwärts.

Die als **Wasserburg** konzipierte Anlage aus dem 11. Jahrhundert wurde von dem Lauffener Grafengeschlecht der **Popponen** erbaut, die damit ihre Herrschaft auf dem Kirchberg auf der anderen Flussseite ergänzten. In späteren Zeiten war hier der Sitz der Vögte und Oberamtleute. Seit 1818 ist das Rathaus der Stadt hier heimisch. Im salierzeitlichen Wohnturm informiert eine Ausstellung über die Historie der Stadt und das Leben im Mittelalter.

Im ehemaligen Burg- und jetzigen Rathausgarten steht eine **Einigkeitslinde**, die 1914 aus Anlass der Vereinigung von *Stadt* und *Dorf* gepflanzt wurde und bereits zu einer stattlichen Größe herangewachsen ist.

Regiswindiskapelle

Regiswindis-Legende

Regiswindis, die 7-jährige Tochter des Grafen Ernst, wurde im Jahre 839 von ihrer Amme grausam erdrosselt und in den Neckar geworfen. Es soll sich dabei um einen Racheakt gehandelt haben, da ihr Bruder nach einem Streit mit dem Grafen bestraft worden war. Der Legende nach wurde der Leichnam des Mädchens nach drei Tagen unversehrt gefunden, was als Zeichen Gottes gedeutet wurde. Bald wurde Regiswindis als Heilige verehrt. Die Bischöfe von Würzburg förderten den Kult durch den Neubau der ehemaligen Martinskirche auf dem Kirchberg, in dem die Gebeine Regiswindis' bestattet wurden. Der Ort wurde zum Wallfahrtsort, und die Gründung eines Klosters war nur die konsequente Folge. Der Regiswindis-Sarkophag steht heute in der Kapelle neben der Kirche.

Wanderung: Rund um die Steilhänge des Katzenbeißers

Hölderlin und Wein

Ausgangs- & Endpunkt	Hölderlin-Denkmal im Klosterhof Lauffen
Streckenlänge	6 km, Gehzeit: ca. 2 h
Höhenunterschied	109 m
Schwierigkeitsgrad	leicht, eine Steigung zu Beginn
Markierung	RWW1

Wegbeschreibung

Vom Hölderlin-Denkmal nehmen wir die steilen, aber kurzen Treppen hoch zum Neubaugebiet **Im Schönblick**, wenden uns nach rechts und nehmen die nächste Straße links. Wieder links, sind wir **Im Geigersberg**. Nach wenigen Metern folgen wir dem Feldweg links (Markierung: RWW1). Wir sind nun oberhalb des Steilhangs und des Zabertals und gehen Richtung Westen, wobei wir nach einer halben Stunde den höchsten Punkt der Wanderung bei der Wanderhütte der Stadt Lauffen passieren. Wir genießen einen weiten Blick über Lauffen und die weitere Umgebung mit der über dem Tal thronenden Regiswindiskirche und der Rathausburg. Bei einer alten **Weinbergschutzhütte** gabelt sich der Weg. Hier kann man nun eine Abkürzung nehmen und über den Steilhang zur Straße absteigen. Man kann aber auch den Weg rechts nehmen Richtung Mobilfunkmasten. Nach Unterquerung der Hochspannungsmasten geht es durch

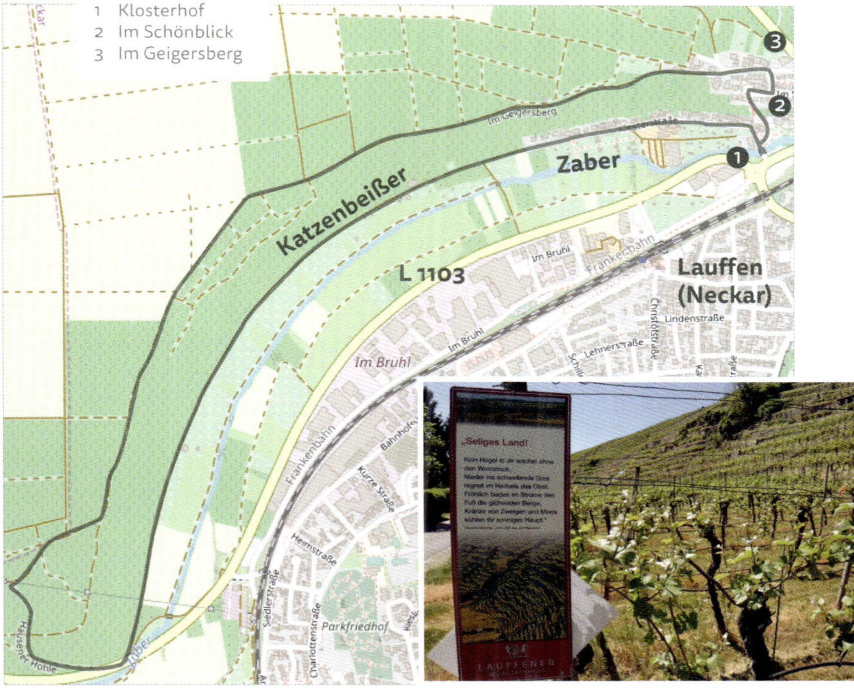

einen kleinen **Hohlweg** hinunter zur Landstraße, an deren Rad- und Fußweg wir 300 Meter nach links gehen, bevor wir vor der **Zaberbrücke** links in den asphaltierten Rad- und Fußweg unterhalb der Steillagen einschwenken.

Wir stehen am Fuße von 50 Hektar terrassierten, von Trockenmauern gehaltenen Steilhanglagen namens **Katzenbeißer**, wo seit 1000 Jahren Wein kultiviert wird. Es dominiert der Rotwein, und hierbei wiederum zu zwei Dritteln der Schwarzriesling, aber auch Samtrot und Trollinger sind zu finden. Die Steilheit des Geländes erfordert schweißtreibende Handarbeit der Weingärtner, was sich aber offensichtlich lohnt. Das Zusammenspiel von mildem Neckar- bzw. Zabertalklima mit einer sonnigen Lage und Muschelkalkbasis lässt einen überdurchschnittlichen Wein reifen. Übrigens war auch Friedrich Hölderlin kein Kostverächter. Einem guten Glas Wein im Freundeskreis war er vor allem in jungen Jahren immer zugetan.

Der Weg entlang der grün leuchtenden Rebhänge mit ihren zum Teil aus dem Mittelalter stammenden Trockenmauern und Terrassen führt uns zum Klosterhof zurück.

Radtour: Zu den Vorfahren ins Zabergäu

Von Lauffen nach Cleebronn und zurück

Ausgangspunkt	Hölderlin-Denkmal im Klosterhof Lauffen
Endpunkt	Bahnhof Lauffen
Streckenlänge	37 km
Streckenverlauf	Lauffen – Meimsheim – Botenheim – Frauenzimmern – Güglingen – Cleebronn – Botenheim – Meimsheim – Lauffen
Schwierigkeitsgrad	mittel, meist eben, drei kurze Anstiege zwischen Lauffen und Meimsheim, in Frauenzimmern hoch zur Kirche und kurz vor Cleebronn
Karte	Naturpark Stromberg-Heuchelberg, 1 : 50.000, Blatt 29

Sehenswürdigkeiten

- Botenheim: Heimatmuseum im Alten Rathaus (ÖZ: Mai–Okt, 1. So im Monat, 11–17 Uhr, Eintritt frei); daneben Marienkirche mit Turm aus dem 13. Jhdt.
- Frauenzimmern: FW-Haus Storchennest von 1595, Martinskirche mit Epitaph Jörg Enzberger von 1606
- Güglingen: Römermuseum, (ÖZ: Mi–Fr 14–18 Uhr, Sa, So, Fe 10–18 Uhr), Archäologische Freilichtanlage, Emil-Weber-Straße, frei zugänglich
- Cleebronn: Schloss Magenau, Erlebnispark Tripsdrill, Michaelsberg (s. Kasten)

Einkehren	Güglingen: *Zug- Music Pub und Food Grill* (ÖZ: Fr, Sa, So ab 17.30 Uhr)

Wegbeschreibung

Das Zabergäu ist eine uralte Kulturlandschaft zwischen den Höhenzügen des Heuchelbergs und des Strombergs. Seine geschützte Lage hat schon die Römer beidseits der Zaber sesshaft werden lassen. Auf den hochwassergeschützten Lößhügeln legten die Römer zwischen Lauffen und Güglingen nicht weniger als 14 Siedlungen an, meist große ***villae rusticae***, Landgüter also, auf denen wohl schon Wein kultiviert wurde, der noch heute das Leben im Tal der Zaber dominiert.

Wir starten beim **Hölderlin-Denkmal** im Klosterhof Lauffen. Hinter dem Klosterhof biegen wir in die Klosterstraße ein, die parallel zu den weinstockbestückten Steilhängen des *Katzenbeißer* verläuft.

Nach 600 Metern endet die Bebauung und gibt den ganzen Blick auf den Steilhang frei. Links passieren wir die Gärten an der Zaber und ein Hirsch- und Rehgehege. Auf gut asphaltiertem Fahrweg kommen wir zur **L 1103**, müssen aber in einer Spitzkehre einen kleinen Umweg machen, um an einem Überweg auf den Rad- und Fußweg links der Landstraße in Richtung Meimsheim zu gelangen (km 2). An der Straßengabelung (km 4) verlassen wir die Landstraße und nehmen den RW nach **Meimsheim**, der uns nach einem kurzen, aber steilen Anstieg auf einen Hügel und danach leicht bergab in das 2500 Einwohner zählende Dorf, einen Ortsteil von Brackenheim, bringt. Die **Martinskirche** stammt aus dem 15. Jahrhundert und wurde auf den Resten eines römischen Gutshofes errichtet.

Wir lassen die Sportplätze links liegen und fahren hoch zur **K 2075**, wo wir dem RW nach links weiter durch den Ort folgen. Über die Hauptstraße geht es in die Bahnhofstraße und weiter über die Zaber. Danach nehmen wir die zweite Straße rechts (RW), die Trabwiesenstraße, die uns nach **Botenheim** geleitet, wo wir bei km 9 das Alte Schul- und Rathaus (heute **Heimatmuseum**) und die Marienkirche im Ortskern erreichen. Der Turm der Marienkirche stammt noch aus dem Jahre 1280. Von der Hauptstraße geht es nach wenigen Metern in die K 2068 Richtung Cleebronn. Am Ortsausgang verlässt der RW die Kreisstraße und folgt einem alten **Römerweg** auf einen Hügel, von dem man einen unverstellten Blick hinüber zu Schloss Stockheim im Norden oder zu Schloss Magenheim und dem Michaelsberg im Süden hat. Wir folgen dem alten Römerweg oberhalb des Industriegebiets und stoßen bei der K 2150 zwischen Frauenzimmern und Cleebronn auf die **Weingärtnergenossenschaft** Cleebronn-Güglingen, die bei deutschen Weinprämierungen öfter mal zu Meisterehren kommt. Nach rechts geht es nach **Frauenzimmern** hinein (km 12). Der Name des Dorfes stammt von einem ehemaligen **Zisterzienserinnenkloster**, das schon 1442 verlassen wurde und danach in württembergischen Besitz gelangte. Das Dörfchen, ein Ortsteil von Güglingen mit rund 1000 Einwohnern, ist schön am Hang gelegen.

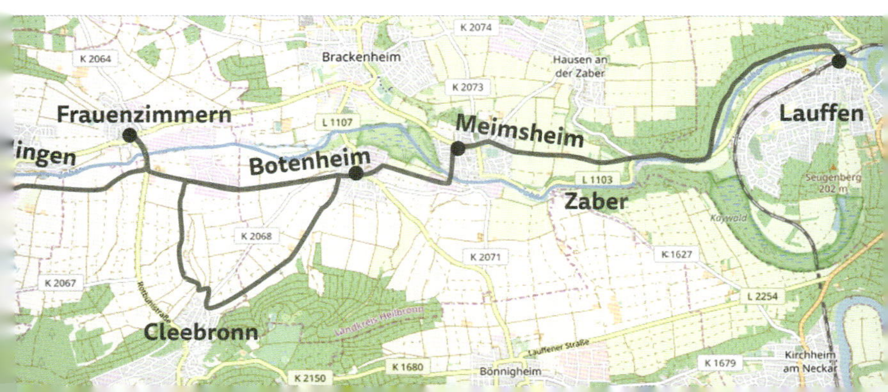

Auf dem Weg ins Zentrum fällt ein herrlicher Fachwerkbau von 1595 ins Auge, das **Storchennest**. Es wurde von dem ortsprägenden herzoglich württembergischen Hofmeier Jörg Enzberger erbaut, dessen Epitaph von 1606 an der Außenwand der **Martinskirche** oberhalb der Hauptstraße thront. Unweit der Ortsmitte mit Backstube und Bushaltestellen geht es auf der Alten Schulgasse kurz, aber steil hoch zur alten Dorfkirche und dem sie umgebenden Friedhof, die beide im 18. Jahrhundert noch außerhalb des Dorfes lagen.

Der Großvater Friedrich Hölderlins mütterlicherseits, der aus Thüringen stammende evangelische Pfarrer **Johann Andreas Heyn**, kam 1743 mit 31 Jahren in das damals gerade 300 Seelen zählende Zabergäudörfchen. Er heiratete bereits nach sieben Monaten die Pfarrerstochter **Johanna Rosina Sutor** aus dem benachbarten Güglingen. Sie war die Tochter seines Dienstvorgesetzten, des Dekans **Johann Wolfgang Sutor** (1690–1763) und seiner Frau **Johanna Juditha geb. Bartili**, der Urgroßmutter Hölderlins. Auch sie ist im Taufregister als eine der neun Taufpaten Hölderlins eingetragen. Ihre Tochter Johanna Rosina Heyn geb. Sutor brachte 1748 in Frauenzimmern eine Tochter zur Welt, **Johanna Christiana Heyn**, die Mutter Friedrich Hölderlins, die in der Martinskirche getauft wurde. Der erste Steinbau der Kirche datiert aus dem 9. Jahrhundert, in ihrer heutigen Form entstand die Kirche im 13. Jahrhundert, weitere Umbauten und Renovierungen folgten. Das Kirchlein mit dem umgebenden Friedhof ist auch heute noch ein Ort der Stille und Besinnlichkeit. Der Weg ins unterhalb der Kirche liegende Dorf war zu Zeiten von Hölderlins Großvater nicht befestigt und bei schlechtem Wetter fast unpassierbar, wie Pfarrer Heyn mehrmals bei Eingaben an das Oberamt Güglingen monierte.

Laut Visitationsbericht seines Dienstvorgesetzten und Schwiegervaters Sutor aus dem Jahre 1743, gab es an der Amts- und Lebensführung des jungen Pfarrers nichts zu beanstanden, auch war die Kirche in *gutem baulichen Zustand*, die Ausstattung jedoch *mittelmäßig* – und die Orgel verstimmt. Außerdem gehe die Kirchturmuhr oft vor. Auch die damalige *große Armut* der Bevölkerung fand in dem Bericht Erwähnung.

Frauenzimmern im Zabertal, Geburtsort der Mutter Hölderlins

1753 zog die Familie ins größere und bedeutendere Cleebronn, wo Vater Heyn die – auch besser dotierte – Pfarrstelle bekam.

Um zunächst nach Güglingen zu gelangen, fahren wir via Hauptstraße und am Storchennest vorbei zurück über die Zaber. Bei der Weingärtnergenossenschaft C/G geht der RW nach rechts Entfernung nach Güglingen 2,6 km. Bei km 18 erreichen wir den Ortsrand von **Güglingen**, überqueren bei einem großen Einkaufszentrum die Straße und folgen dem RW durch das Industriegebiet auf der Emil-Weber-Straße. Wir besuchen zunächst die Archäologische **Freilichtanlage**. Im Garten eines Industriebetriebs sind an der Emil-Weber-Straße die Umrisse des römischen **Mithräums I** markiert. Der Mithraskult war besonders bei Soldaten weit verbreitet. Dahinter geht es hoch zur Freilichtanlage, bei der das **Mithräum II** als teilrekonstruiertes Gebäude den Kern der Anlage darstellt. Die Siedlungsbebauung des römischen *vicus* wird durch Grundrisse und ein teilweise rekonstruiertes Wegenetz anschaulich. Die über 50 Meter lange Panoramawand öffnet ein Fenster in die römische Vergangenheit dieses Ortes. Die Anlage ist ganzjährig frei zugänglich.

Die Kirche von Frauenzimmern mit Enzberger-Epitaph, Dienstort des Großvaters und Taufkirche der Mutter

Das Güglinger Fachwerk-Rathaus

Von der Emil-Weber-Straße geht es danach bei einer alten Linde nach rechts in die Lindenstraße und über die Zaber hoch zur Güglinger Hauptstraße. Nach links kommen wir zur fachwerkbestückten Stadtmitte, wo Rathaus, **Mauritiuskirche** und **Römermuseum** im Alten Rathaus ein ansehnliches Ensemble bilden (km 20).

Das Amtsstädtchen Güglingen war Wohn- und Dienstort des bereits erwähnten Johann Wolfgang Sutor, des Großvaters von Hölderlins Mutter. Hölderlins Großmutter, die oben erwähnte Johanna Rosina Sutor (1725–1802) ist hier aufgewachsen, bevor sie 18-jährig Johann Andreas Heyn heiratete und nach Frauenzimmern zog. Friedrich Hölderlin hat der Großmutter mit einem Gedicht zum 73. Geburtstag ein literarisches Denkmal gesetzt.

Von Güglingen geht es nach einem Besuch des Römermuseums weiter nach **Cleebronn**: Zunächst wieder zurück über die Lindenstraße und Emil-Weber-Straße, dem alten Römerweg, und dann in der Verlängerung auf dem RW zurück Richtung Frauenzimmern. Wir überqueren die K 2150 zwischen Frauenzimmern und Cleebronn und kommen an den Lauf des **Fürtlesbach**, an dem der RW nach Cleebronn abzweigt (2,6 km). Durch das Tälchen und hoch durch die Weinberge erreichen wir bei km 25 die Ortsmitte von Cleebronn Die 3000-Seelen-Gemeinde besitzt ein schönes barockes **Rathaus**. Nicht weit davon sind die **Raphaelskirche** und daneben das **Pfarrhaus**, in dem Hölderlins Mutter Johanna Christiana ab 1753 mit ihren Eltern lebte und aufgewachsen ist. In der Raphaelskirche ist sie auch 1766 fast achtzehnjährig mit **Heinrich Friedrich Hölderlin** aus Lauffen getraut worden; das Hochzeitsfest dürfte in dem benachbarten Pfarrhaus gefeiert worden sein, schließlich war der Brautvater der Hausherr. Die Hochzeit war eine unter Begüterten, denn das Hochzeitsgut der Braut belief sich auf stolze 1.500 Gulden, darunter befand sich auch eine trächtige Kuh, wie es unter den Ackerbürgerstädten Württembergs damals Brauch war.

Die Kirche geht auf eine Kapelle aus dem 14. Jahrhundert zurück; sie wurde 1479 zur Pfarrkirche erhoben. Zwei Drittel des Dorfes waren württembergisch-evangelisch, ein Drittel kurmainzisch-katholisch, wobei Großvater Heyn als evangelischer Pfarrer für beide Ortsteile und rund 800 Seelen zuständig war. Bemerkenswert: Im evangelischen Ortsteil befand sich kein einziges Wirtshaus, wohl eine Folge pietistischer Lebenseinstellung.

Oberhalb von Cleebronn am Fuße des Michaelsbergs liegt **Schloss Magenheim**, eine der besterhaltenen staufischen Anlagen in Süddeutschland. Heute im Besitz der **Freiherren und Freifrauen von Lamezan**, werden das Schloss und seine Räumlichkeiten sowohl privat als auch öffentlich genutzt, z. B. für Konzerte, Trauungen etc.

Zur Weiterfahrt Richtung Lauffen nehmen wir zunächst die Straße nach Botenheim, kommen am Friedhof vorbei und nehmen am Ortsausgang den nach rechts abgehenden RW *Botenheimer Weg*, der uns durch Felder von Johannisbeersträuchern wieder hinunter ins Zabertal führt. In Botenheim nehmen wir den schon bekannten RW nach Meimsheim und folgen dort dem RW Lauffen auf bekannten Wegen zurück in die Hölderlin-Stadt. Am Stadtrand nehmen wir die Straße *Im Brühl* unterhalb der Bahnlinie, die uns an die Rückseite des Bahnhofs führt (km 37).

Michaelsberg – Wächter des Zabergäus

Die mit 394 Metern markanteste Erhebung im Zabergäu hat eine lange, wechselvolle und teilweise auch konfliktreiche Geschichte. Erste Siedlungsspuren datieren aus frühkeltischer Zeit (8. Jhdt. v. Chr.). Diverse Mauerreste und Kultgegenstände deuten auf eine römische Kultstätte, und erste Hinweise auf eine christliche Kirche datieren aus alemannischer Zeit (5. und 6. Jhdt.). Die dem Erzengel Michael geweihte Kirche lässt ebenfalls einen frühchristlichen Zusammenhang vermuten, da in dieser Zeit der Michaelskult weit verbreitet war. Urkundlich gesichert ist die Schenkung der Nonne Hilteburc an das Kloster Lorsch in fränkischer Zeit (beurkundet 793 im Lorscher Codex).

Die heutige Kirche ist in ihren ältesten Teilen (Chor und Altarraum) ein romanisches Bauwerk, welches durch gotische, barocke und neuzeitliche Elemente ergänzt wurde.

Ab dem 13. Jahrhundert sind häufige Besitzerwechsel auf dem Michaelsberg dokumentiert. Eine dominierende Rolle spielte das Erzbistum Mainz, dem auch ein Teil Cleebronns gehörte, und andererseits seit der Reformation das Herzogtum Württemberg. Nachdem 1727 der katholische Graf Johann Philipp von Stadion die Abtretung des Michaelsbergs als Mainzer Lehen von Württemberg erlangt hatte, kam es immer wieder zu Konflikten zwischen dem evangelischen Württemberg und den katholischen Gläubigen. Um die Sicherheit der Glaubensinsel auf dem Berg zu festigen, errichtete Kurmainz 1739–1740 im Zusammenwirken mit den Grafen von Stadion ein Kapuziner-Hospiz, das bis 1823 bestand. Nach dem Zweiten Weltkrieg wurde das ehemalige Kloster zu einem Katholischen Jugend- und Tagungshaus umgebaut, das auch als Landschulheim fungiert.

Michaelsberg bei Cleebronn – jahrhundertelang von den Religionen umkämpft

Nürtingen

Ein Ackerbürgerstädtchen mit Duftnote

Nürtingen im 18. Jahrhundert

Die Gegend um Nürtingen war vor unserer Zeitrechnung von Kelten besiedelt, danach kamen die Römer, von deren Existenz noch heute ein Gutshof **(villa rustica)** sowie die Überreste einer Sigillata-**Töpferei** zeugen. Die erste urkundliche Erwähnung des Neckarstädtchens datiert ins Jahr 1046, die Stadtrechte erhielt man 1335 und Nürtingen wurde zur Stadt samt Stadtmauer mit vier Toren ausgebaut. Die seit dem 14. Jahrhundert zu Württemberg gehörende Stadt verfügte über ein **Stadtschloss**, das bis ins 17. Jahrhundert den Württemberger Fürsten als Alterssitz für deren Witwen diente. Das oberhalb des **Schweizerhofs** liegende Schloss wurde kurz vor dem Umzug der Familie Gok-Hölderlin nach Nürtingen im Jahre 1774 abgebrochen. 1750 hatte ein verheerender **Stadtbrand** große Teile der Altstadt zerstört.

Beim Wiederaufbau erhielt die Stadt das städtebauliche Gesicht, das noch heute zu sehen ist. Das betrifft alle prägenden Gebäude und auch die Hölderlin-Orte wie den **Schweizerhof**, die **Lateinschule** und die nach der Aufgabe des Schweizerhofs ab 1798 von der Familie bewohnten Häuser in der Kirch- bzw. Marktstraße.

Nürtingen 1683, Forstlagerbuch von Andreas Kiefer

Die Stadt war im ausgehenden 18. Jahrhundert von einem ländlich-bäuerlichen Charakter geprägt, eine typische **Ackerbürgerstadt**, bei der die bäuerliche Bevölkerung etwa die Hälfte der Einwohnerschaft stellte; daneben gab es einige Weingärtner, und rund 40 % zählten zum Handwerkerstand und verdienten ihre Brötchen als Bäcker, Metzger, Schneider, Schmied oder Schuhmacher. So ist eine Schuhmacherrechnung erhalten für ein Paar Handschuhe, die der *Herr Helderle* bestellt hatte. Man muss annehmen, dass die Einheimischen den Nachnamen Hölderlins genauso schwäbisch aussprachen, wie er auf der Rechnung stand: *Helderle*. Die Jugendfreunde nannten ihn jedoch *Holder* oder *Holz*, der mit seiner Familie zu den 10 % Begüterten, der städtischen Elite, gehörte. Schließlich war sein Stiefvater Bürgermeister gewesen.

Damals hatte das Städtchen kaum 3000 Einwohner. Ein **Stadtchronist** fasste das Stadtbild folgendermaßen zusammen:

> *Besonders in der Kirchgasse und in der Brunnsteige gaben die Düngerhaufen (= Misthaufen) der Straße ihr charakteristisches Aussehen. Die Metzger, die auf offener Straße schlachteten, und die geschlachteten Tiere an großen Haken vor dem Haus aufhängten, verschönerten das Stadtbild auch nicht. Besonders die Plätze um die öffentlichen Brunnen herum waren Stätten unglaublichen Schmutzes, denn hierher führte der Bauer sein Vieh zur Tränke, unmittelbar aus dem Stall oder schon am Wagen eingespannt.*

Die Umgebung des Städtchens war und ist äußerst reizvoll. **Christoph Theodor Schwab** (Sohn von Gustav Schwab) hat in seiner Hölderlin-Biographie von 1884 die Umgebung so beschrieben:

> *In unmittelbarer Nähe rauscht der jugendliche Neckar vorüber, dessen weiteren Gang schlanke Pappellinien bezeichnen; jenseits von der Stadt, auf der linken Seite des Flusses dehnen sich mäßige Hügel mit Fruchtfeldern und Obstbäumen..., rechts vom Fluss steigt das Land von anmuthigen, waldigen Wiesenthälern durchschnitten, mählig aufwärts, ungefähr bis auf die Entfernung einer Meile, in welcher sich die Gipfel der Alb in malerischen Formen .. erheben.*

Diese Landschaft hat ohne Zweifel großen Einfluss auf das dichterische Schaffen Hölderlins gehabt.

Zum württembergischen Kernland gehörig, war Nürtingen seit der Reformation gut **protestantisch** und die Frömmigkeitsbewegung des **Pietismus** hatte eine hohe Anziehungskraft auf die Bevölkerung. Fleiß, Ordnungsliebe, Pünktlichkeit und Strebsamkeit gehörten zu den Urtugenden. Man kann sich lebhaft vorstellen, dass eine eigenwillige, sensible Natur wie Hölderlin, der sich zu Höherem, nämlich zum Dichterberuf berufen fühlte, in dieser bäuerlich-ländlichen Umgebung mit pietistischer Grundhaltung etliche Vorbehalte zu überwinden hatte.

Im 19. Jahrhundert entwickelte sich Nürtingen zur **Industriestadt**, in der zunächst die Textilindustrie vorherrschend war, woraus der Ortsneckname

Blick auf die Nürtinger Altstadt mit der Laurentiuskirche

Stricknadeln für die Nürtinger hervorging. Danach verlagerte sich der industrielle Schwerpunkt auf die metallverarbeitende Industrie, die bis heute einen großen Stellenwert behalten hat (z. B. Firma Metabo u. a.)

Nürtingen hat heute 41 000 Einwohner. Zum Bevölkerungswachstum nach dem Zweiten Weltkrieg trugen nicht zuletzt die 6500 Vertriebenen und Ostflüchtlinge bei, die in Nürtingen eine neue Heimat fanden.

„Mich erzog der Wohllaut des säuselnden Hains“
Unbeschwerte Kindheit mit Schicksalsschlägen

Nach dem frühen **Tod** des erst 36-jährigen **Vaters** im Juli 1772 durch einen Schlaganfall, wurde einen Monat später Hölderlins Schwester Heinrike, *Rike*, geboren; wieder einen Monat später starb Großvater Heyn in Cleebronn.

Die Mutter entschließt sich im Frühjahr 1774, einen Freund der Familie, **Johann Christoph Gok**, Schreiber in Lauffen, zu heiraten. Im Sommer desselben Jahres erwerben die Neuvermählten den **Schweizerhof** in Nürtingen, ein stattliches landwirtschaftliches Anwesen mit Kellern und Scheunen. Kaufpreis 4500 Gulden, bezahlt aus dem Vermögen der Mutter. Mit dem Amtmann Bilfinger, ebenfalls einem Freund der Familie Hölderlin, fängt Gok einen **Weinhandel** im Schweizerhof an und wird 1776 zum **Bürgermeister** Nürtingens gewählt. Hölderlin liebt seinen zweiten Vater, einen *schaffigen* Menschen, der offenbar das Herz auf dem rechten Fleck hat. Im Herbst 1776 wird Stiefbruder **Karl Gok** geboren, mit dem Hölderlin bis zu seiner Erkrankung ein enges brüderliches Verhältnis verbindet.

Aber auch das zweite Familienglück ist nicht von langer Dauer. Im November 1778 wird Nürtingen von einem starken **Hochwasser** heimgesucht, die unteren Stadtteile sind überschwemmt. Als Bürgermeister steht Stiefvater Gok an vorderster Front beim Katastropheneinsatz und holt sich eine Lungenentzündung, an der er vier Monate später stirbt. Hölderlin, der kleine *Fritz*, ist kaum neun Jahre alt, als er auch den zweiten Vater verliert, die Mutter wird mit 31 Jahren zum zweiten Mal Witwe, mit vier kleinen Kindern.

Fortan wächst Hölderlin in einem ***Mutterhause*** auf, erzogen von Mutter Johanna Christiana und Großmutter Johanna Rosina, die nach dem Tode Goks zu ihrer Tochter nach Nürtingen zieht. Später wird Hölderlin seinen Hang zur Melancholie von dem übergroßen Schmerz über den Verlust des zweiten Vaters und über der Mutter tägliche Trauer und Tränen herleiten.

Fritz ist ein schüchternes, ruhiges Kind, das die Stille in der Natur als *holde Freudengeberin* erlebt. Es zieht ihn nach draußen. Oft spielt er gedankenversunken in dem *Baum-, Gras- und Kräutergarten* der Familie unten am Neckar.

Der Garten am Neckar – ein idealer Spielort für *Fritz* und seine Geschwister

Die herrliche Natur und der Reiz der ländlichen Beschaulichkeit im Neckartal haben tiefe Spuren in seiner Seele und damit auch in seiner Dichtung hinterlassen.

Mich erzog der Wohllaut des säuselnden Hains
Und lieben lernt' ich
Unter den Blumen.
Im Arme der Götter wuchs ich groß.
(aus: Da ich ein Knabe war)

Unbenommen der oft kummervollen Situation zu Hause nach dem Tode des Stiefvaters hat Hölderlin seine **Kindheit** als freudvoll und unbeschwert wahrgenommen. An materiellen Gütern mangelte es nicht. Die Witwe *Kammerrätin Gok* war vermögend, ja betrieb sogar etwas wie eine Darlehenskasse. Auch das nicht unbeträchtliche **Erbvermögen** Hölderlins verwaltete sie zeitlebens genau und gewissenhaft.

Eintauchen in die griechische Mythologie

Acht Jahre Lateinschule

Die ehemalige Nürtinger Lateinschule: Hier büffelten Hölderlin und Schelling

Ab 1776, also ab dem sechsten Lebensjahr, besucht Hölderlin die Nürtinger **Lateinschule**, eine der ältesten und angesehensten des Landes. Der sehnlichste Wunsch der frommen Mutter ist, dass ihr Erstgeborener **Pfarrer** wird. Sie selbst ist ja Pfarrerstocher und ihre Schwester heiratet auch einen Pfarrer, schließlich gehört man zur **Ehrbarkeit**, der Elite des Landes.

Seit dem 16. Jahrhundert gab es in Württemberg drei Schultypen: **Elementarschulen**, **Lateinschulen** und **Klosterschulen**. Die Lateinschulen, für die Schulgeld bezahlt werden musste, hatten die Aufgabe, eine Elite an Pfarrern und Beamten heranzubilden. Eine erfolgreich abgeschlossene Lateinschule berechtigte zum Besuch der Klosterschulen, der nächst höheren Stufe. **Religion, Latein, Griechisch und Hebräisch** waren die Hauptfächer in der Lateinschule, die in oft stupider Manier gebüffelt werden mussten. Hölderlin war ein guter Schüler, wenn auch kein überragender. In dem zweiten Nürtinger Pfarrer, dem Diakon **Nathanael Köstlin** hatte er zusätzlich einen verständnisvollen Hauslehrer, der den Jungen zu nehmen und auch mit Singen und Musizieren zu motivieren wusste. Um 1780 wurde im Hause Gok-Hölderlin ein **Klavier** angeschafft, und der hochmusikalische *Fritz* lernte daneben auch das **Flötenspiel**.

Im letzten Jahr auf der Lateinschule lernt Höderlin einen wahren Genius kennen: **Friedrich Wilhelm Joseph Schelling**, später einer der größten Philosophen des **deutschen Idealismus**, ist der Neffe seines Hauslehrers und schon als kaum Neunjähriger ein überragender Geist. Sie befreunden sich, und der fünf Jahre ältere *Fritz* muss das Wunderkind in der Schule des Öfteren vor den

Übergriffen missgünstiger Mitschüler beschützen. Die Liebe zu der sagenhaften und mythenumrankten Welt des **antiken Griechenlands** verbindet sie.

Im Frühjahr 1784 wird Hölderlin in der Stadtkirche **St. Laurentius** konfirmiert. Ein halbes Jahr später, im Oktober 1784, beginnt der Ernst des Lebens: Er hat diverse Landexamen bestanden und tritt nun für zwei Jahre in die **Klosterschule Denkendorf** ein. Zum ersten Male verlässt der 14-Jährige *der Mutter Haus* und kommt ab jetzt nur noch in den *Vakanzen*, den Ferien, heim nach Nürtingen.

Orte Hölderlins in Nürtingen

Hölderlinhaus – der ehemalige Schweizerhof (Neckarsteige 1)

Der Vorgängerbau war ein 1622 erbauter großer Landwirtschaftskomplex, der, als *Vieh- oder Schweizerhof* bekannt, zum Nürtinger Schloss gehörte, das allerdings schon weit vor Hölderlins Zeit abgerissen wurde. Das Anwesen fiel 1750 dem großen Stadtbrand zum Opfer und wurde 1751 als **spätbarockes Ensemble** wieder errichtet. 1774 erwarb der Stiefvater Hölderlins, Johann Christoph Gok, das Anwesen für 4500 Gunden aus dem Vermögen seiner Frau. Der obere Bereich diente als Wohnhaus, im unteren Stockwerk bzw. im Keller entstand eine von Gok und seinem Freund Bilfinger betriebene **Weingroßhandlung**.

Hölderlin verbrachte hier, in ***der Mutter Haus***, seine Kindheit ab dem Umzug aus Lauffen 1774 bis zum Einzug in die Klosterschule Denkendorf 1784 und danach alle Ferien der Schul- und Studienzeit. Auch später zog es ihn immer wieder hierher zurück, in die Stille seines kleinen Stübchens, das er im Gedicht *Die Stille* 1788 beschrieb. Die Mutter lebte mit der Großmutter hier bis 1798, nachdem sie das Anwesen an einen Bäcker verkauft hatte.

Das Hölderlinhaus in der Neckarsteige 1

Vor über zehn Jahren wollte der Nürtinger Stadtrat den Gebäudekomplex abreißen, in dem bis heute ein Teil der Nürtinger **Volkshochschule (VHS)** untergebracht ist, um ein größeres Bildungs- und Verwaltungszentrum zu errichten. Das scheiterte am Widerstand in der Bevölkerung. Vor allem der Verein ***Hölderlin-Nürtingen e. V.*** kämpft dafür, die Authentizität des Hölderlinhauses zu erhalten, schließlich ist die äußere Form noch weitgehend die, die es schon zu Hölderlins Zeit war. Der Abrissbeschluss wurde zurückgenommen. In den folgenden Jahren wurden die Planungen weiterentwickelt. Das Gebäude soll nun kernsaniert und modernisiert werden. Vor allem in den Untergeschossen und im Erdgeschoss soll historische Bausubstanz teilweise erhalten bleiben. Nach Fertigstellung der Baumaßnahme soll das Gebäude als Bildungszentrum genutzt werden. Ab 2021 wird es hier auch eine Dauerausstellung zu Friedrich Hölderlin geben.

Stele mit Alias-Namen im Hölderlin-Garten

Hölderlin-Garten (Neckarstraße 13)

Ein Jahr nach dem Umzug nach Nürtingen, 1775, erwarb die Familie Hölderlin-Gok einen vier Morgen (ungefähr 120 Ar) großen ***Baum-, Gras- und Küchengarten*** vor dem Neckar-Tor zur Selbstversorgung, in dem Hölderlin in der Kinderzeit an den Ufern des Neckars *Stunden des Spiels und des Ruhelächelns* verbrachte. In Briefen erinnerte er sich wehmütig der unbeschwerten Kinderzeit, in der er und seine Freunde und Geschwister *Strudel durchschwammen* und *uns Bächlein durch den Sand* (leiteten).

1996 wurde dort von der **Freien Kunstakademie Nürtingen** der Hölderlin-Garten mit Laubengang, Stelen und Gedenkstein angelegt. Er ist frei zugänglich (5 Minuten Fußweg von der Neckarbrücke) und atmet noch immer trotz Stadtnähe den Geist der Stille.

St. Laurentiuskirche

Die **spätgotische Hallenkirche** mit dem mächtigen Turm stammt aus dem letzten Drittel des 15. Jahrhunderts und diente bis 1698 den Württemberger Herzögen auch als Schlosskirche des Witwensitzes. Die Witwen von diversen Landesherren residierten in dem benachbarten Schloss, das 1765 wegen Baufälligkeit abgebrochen wurde.

Altar der Laurentiuskirche mit Lettner

Im Netzrippengewölbe des Chores ist die originale **gotische Bemalung** zu bewundern. Ein besonderes Kleinod stellt auch der **schmiedeeiserne Lettner** von 1624 dar. Im Gewölbe des Turmes, wo sich einst die Schatztruhe der Stadt befand, ist heute die **Turmbibliothek** untergebracht – mit wertvollen Beständen aus dem Besitz der Kirche, der Lateinschule und des Spitals.

Friedrich Hölderlin hat die Kirche wohl in seiner Kindheit sehr oft aufgesucht, hier wurde er im April 1784 konfirmiert. Ab 1782 hat er von dem Diakon und zweiten Pfarrer der Laurentiuskirche **Nathanael Köstlin** Privatunterricht zur Vorbereitung auf das Landexamen erhalten.

Breunlin'sches Haus (Kirchstraße 17)

In das stattliche **Bürgerhaus** mit Walmdach zog die Mutter Hölderlins mit der Großmutter 1798, nachdem Hölderlins Halbbruder Karl Gok das elterliche Haus verlassen und sie das nun zu große Anwesen an der Neckarsteige verkauft hatte. Das Haus gehörte dem Schwager von Hölderlins Schwester *Rike*, einem **Kaufmann** namens **Breunlin**, deshalb der Name *Breunlin'sches Haus*. Mutter und Großmutter wohnten hier im zweiten Stock; 1800, nach dem frühen Tod ihres Mannes, kam *Rike* mit ihren beiden Kindern hinzu.

Zwischen 1800 und 1804 hielt sich Hölderlin immer wieder im Breunlin'schen Haus auf, vor allem dann,

Das Breunlin'sche Haus heute. Die Wohnung der Mutter war im 2. Stock

wenn eine seiner meist kurz befristeten **Hofmeisterstellen** beendet war. Hier entstand auch ein Gutteil seines Spätwerks. 1804 verließ er Nürtingen für immer.

Seine Mutter lebte noch bis 1812 in der Wohnung im zweiten Stock, in die 1826 die Mutter **Eduard Mörikes** einzog.

Ehemalige Lateinschule (Markstraße 16)

Die Nürtinger Lateinschule, 1481 gegründet, war eine der renommiertesten in ganz Württemberg. Die Elementarschulen waren die Schulen des einfachen Volkes, aber in den Lateinschulen wurden die Zöglinge der Ehrbarkeit auf ihre Rolle als zukünftige höhere Beamte und vor allem Pfarrer und Theologen vorbereitet. Der Unterricht kostete Schulgeld. Hölderlin besuchte die Lateinschule von 1776 bis 1784. Nach der Konfirmation ging er ab Oktober 1784 in die Klosterschule Denkendorf, nachdem er das Landexamen bestanden hatte.

Von **Eduard Mörike** stammen die dem Mitschüler Schelling gewidmeten Zeilen auf der **Gedenktafel** an dem Gebäude, später hat man dann auch die Schulzeit Hölderlins ergänzt.

Das Gebäude der Lateinschule direkt neben der Kirche ist heute Forstamt

Haus Marktstraße 6

In das große Handelshaus der Kaufmannswitwe Rümelin am Marktplatz gegenüber dem Rathaus zog die Mutter Hölderlins mit ihrer Tochter *Rike* und den Kindern um 1812 und sie wohnten hier bis etwa 1816.

Heute ist im Erdgeschoss ein griechisches Restaurant untergebracht: *Delphi*. Dem Griechenland-Verehrer Hölderlin, der nie hier gewesen ist, hätte das sicher gefallen.

Über dem heutigen griechischen Restaurant wohnte die Mutter mit Schwester *Rike* von 1812–1816

Ein sehnsüchtiger Blick Richtung Heimat: Hölderlin am Steinachdreieck

Hölderlin-Denkmal (Steinachdreieck)

2017 wurde am Steinachdreieck das vorläufig letzte Hölderlin-Denkmal in Nürtingen enthüllt: eine Bronzeplastik des Bildhauers Professor Waldemar Schröder. Ein bronzener Jüngling blickt in Richtung Kirche und Lateinschule, eine Dichterrolle in der Hand. Maßgeblich gesponsert vom örtlichen Rotary Club soll die Statue jedoch nach Ende der Modernisierung des Hölderlinhauses dorthin versetzt werden.

Stadtmuseum mit Hölderlin-Gedenkstätte (Wörthstraße 1)

Im Anbau des ehemaligen Schützenhauses ist die Hölderlin-Gedenkstätte untergebracht. Keine Originalwerke oder -briefe sind im Besitz der Stadt, doch eine Reihe hochinteressanter Dokumente.

Der Stadt war nach dem Tod der Mutter 1828 die Amtspflegschaft über den Kranken im Tübinger Turm zugefallen. Die vollständige Pflegschaftsakte und viele Briefe der Familie Zimmer, die Hölderlin im Turm betreute, sind erhalten, ebenso wie handschriftliche Zeugnisse der Mutter des Dichters, *Kammerrätin Gok*.

Stadtmuseum mit Hölderlin-Gedenkstätte

Daneben Stadtansichten und weitere Zeugnisse aus der Zeit Hölderlins.

Öffnungszeiten:
Di, Mi, Sa 14.30–17 Uhr,
So 11–18 Uhr

www.stadtmuseum-nuertingen.de

Hölderlin-Brunnen (Schillerplatz)
1970, zum 200-jährigen Geburtstag Hölderlins, von der Stadt gestiftet und mit einer **Gedenktafel** und einem ***Hyperion*-Zitat** versehen. Hier befand sich auch der **alte Friedhof** an der Kreuzkirche, auf dem Stiefvater Gok und die Mutter begraben wurden.

Hölderlin-Brunnen vor der Kreuzkirche. Hier befand sich der alte Friedhof mit den Gräbern von Mutter und Stiefvater

Frühe Gedichte

Die Meinige (gemeint: Die Meinigen, da im schwäbischen Dialekt kein Plural-n), entstand im Dezember 1786, ist eine frühe **Hymne**, in der der Sechzehnjährige für sich und seine Familie den Segen Gottes erfleht. Die enge Bindung zur leidenden Mutter, dem *ewigteuren* Vater, der Schwester *Rike*, dem Halbbruder Karl und zur Großmutter Rosina Heyn, die nach dem Tod des zweiten Vaters in den Haushalt kam, wird deutlich. Wehmütig blickt Hölderlin auf eine geborgene Kindheit im Schoße der Familie, die mehrmals von **Schicksalsschlägen** heimgesucht wurde. Sein Gottesbild ist noch von unschuldiger kindlicher **Frömmigkeit** durchdrungen.

Die Meinige

Herr der Welten! der du deinen Menschen
Leuchten läßt so liebevoll dein Angesicht,
Lächle, Herr der Welten! auch des Beters Erdenwünschen,
O du weißt es! sündig sind sie nicht.
Ich will beten für die lieben Meinen,
Wie dein großer Sohn für seine Jünger bat –
O auch Er, er konnte Menschentränen weinen,
Wann er betend für die Menschen vor dich trat –

Meine Mutter! – o mit Freudentränen
Dank ich, großer Geber, lieber Vater! dir,
Mir o mir, dem glücklichsten von tausend andern Söhnen,
Ach die beste Mutter gabst du mir.
Gott! ich falle nieder mit Entzücken,
Welches ewig keine Menschenlippe spricht,
Tränend kann ich aus dem Staube zu dir blicken –
Nimm es an, das Opfer! mehr vermag ich nicht! –

Ach als einst in unsre stille Hütte,
Furchtbarer! herab dein Todesengel kam,
Und den Jammernden, den Flehenden aus ihrer Mitte
Ewigteurer Vater! dich uns nahm,
Als am schröcklich stillen Sterbebette
Meine Mutter sinnlos in dem Staube lag –
Wehe! noch erblick ich sie, die Jammerstätte,
Ewig schwebt vor mir der schwarze Sterbetag –

…

(Quelle: Friedrich Hölderlin: Sämtliche Werke. 6 Bände, Band 1, Stuttgart 1946. S. 13–20 - Auszug)

Wanderung in Hölderlins Landschaft

Mit einem Krug Obstwein zum Winkel von Hardt

Ausgangspunkt	Stadtmuseum Nürtingen
Endpunkt	Bahnhof Nürtingen
Streckenverlauf	Nürtingen – Schillerhöhe – Ulrichstein – Hardt – Oberensingen – Nürtingen
Streckenlänge	ca. 13 km, Gehzeit: 4 h
Schwierigkeitsgrad	mittel, einige An- und Abstiege

Wegmarkierung

Wegweiser zu den Pfaden Hölderlins

Sehenswürdigkeiten

- Stadtmuseum Nürtingen (www.stadtmuseum-nuertingen.de)
- Sammlung Domnick (www.domnick.de)
- villa rustica

Der Bauernwald ist der Nürtinger Gemeindewald

Wegbeschreibung

Vom Stadtmuseum geht es über die **Steinachbrücke** zum Neckar und über den Fluss am bunten Haus vorbei die **Galgenbergstraße** zügig hoch, am **Galgenbergpark** entlang. Fast auf der Höhe führt uns ein Asphaltweg rechts weiter zur **Schillerhöhe** (338 m ü. N. N.) mit einer Baumgruppe von stattlichen Linden mit Rastmöglichkeit und schöner Rundumsicht.

Der Hanghöhe entlang wandern wir auf schmalem Fußweg Richtung Fernmeldemast, an ihm vorbei wird der Asphaltweg bergab breiter, und nach einer Links- und Rechtskurve stoßen wir auf den Ortsrand von **Oberensingen** und lassen uns von dem Schild ***In Hölderlins Landschaft*** nach links führen, am Ortsetter entlang. Durch Gärten und Streuobstwiesen kommen wir nach wenigen hundert Metern an eine Weggabelung, die uns links zum **Bauernwald** bringt, dem Nürtinger Gemeindewald, einem buchendominierten Mischwald. Wir bleiben auf dem Waldweg, bis unser Weg zum **Ulrichstein** abzweigt. Rechts geht es zur **Aich** hinunter, über die eine moderne Wanderbrücke aus Metall führt, von Hardter Bürgern gespendet.

Hinter der Brücke geht es hoch zur Landstraße (L 1185), die wir überqueren und einem schmalen Pfad bergan folgen, bis das Schild ***Ulrichstein*** uns via Querweg durch den Wald zu unserem Ziel führt (km 6).

Der **Ulrichstein**, ein massives Felsgebilde aus Rhätsandstein, war und ist ein beliebtes Ausflugsziel für die Menschen der Umgebung. Der Legende nach soll sich der württembergische **Herzog Ulrich** hier in einer Felsspalte

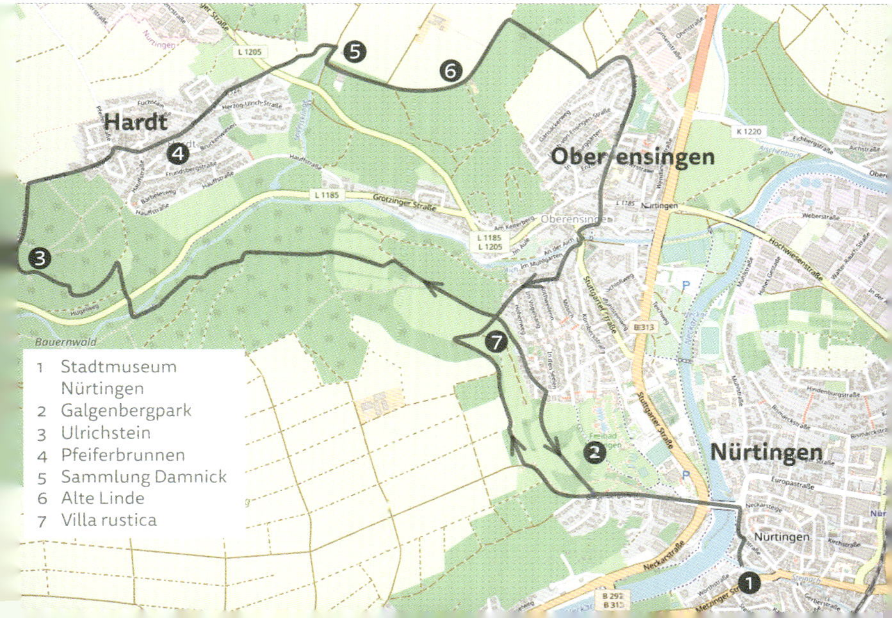

Der Ulrichstein, ein massiver Rhätsandstein-Block, ist abgerutscht

auf der Flucht vor seinen Feinden versteckt haben. Auch Hölderlin und sein Halbbruder Karl Gok sind in jungen Jahren öfter hier gewesen.

Ich dachte ... an den schönen Maitagnachmittag, wo wir im Walde bei Hahrdt bei einem Kruge Obstwein auf dem Felsen die Hermannsschlacht zusammen lasen. Das waren doch immer goldne Spaziergänge, Lieber, Treuer

... so schrieb der Dichter im Oktober 1796 an Karl. Die Spaziergänge und Sagen über Ulrich waren für Hölderlin Inspiration für seine Ode Der Winkel von Hahrdt, dessen Text an einem Felsblock zu lesen ist.

Der Winkel von Hahrdt

Hinunter sinket der Wald,
Und Knospen ähnlich, hängen
Einwärts die Blätter, denen
Blüht unten auf ein Grund,

Nicht gar unmündig

Da nämlich ist Ulrich
Gegangen; oft sinnt, über den Fußtritt,
Ein groß Schicksal
Bereit, an übrigem Orte.

(nach: Große Stuttgarter Ausgabe, hrsg. von Friedrich Beißner, Bd. 2.1, Stuttgart 1951, S. 116)

Der Pfeiferbrunnen in Hardt

Die geologische Formation zeichnet sich hier durch eine Besonderheit aus: Der **Rhätsandstein** sitzt großteils auf einer Schicht Knollenmergel, der sich durch Wasser aufbläht und dadurch das Gestein und ganze Hänge zum Rutschen bringen kann. Genau das ist auch mit dem Ulrichstein passiert: Der massive Felsblock ist mit Teilen des Hanges abgerutscht.

Nach dem Ulrichstein geht es weiter hangaufwärts und geradeaus zum **Waldrand**, wo wir einen der **Gedenksteine** mit Hölderlin-Zitaten entdecken, die den Wanderweg zieren:

Und segne du mein Leben, o Himmel der Heimat, wieder!

Vorbei an Streuobstwiesen, kommen wir zum Dörfchen **Hardt**. Vom Hofweg geht es in die **Pfeiferstraße**, an der der **Pfeiferbrunnen** unter einer schattigen Linde zum Rastmachen einlädt (km 7).

Der *Pfeifer von Hardt* ist eine Gestalt aus **Wilhelm Hauffs** historischem Roman *Lichtenstein* von 1826, mit dem die Sage um Herzog Ulrich bekannt wurde.

Wir folgen der Pfeiferstraße bis zu ihrem Ende an der Landstraße (L 1205), die wir überqueren und dem Schild ***Sammlung Domnick*** folgen. Einen Ökolandbau-Betrieb lassen wir links liegen, wenden uns nach rechts und an der nächsten Gabelung links. Bei km 9,5 erreichen wir das Anwesen der Sammlung. Wir sind jetzt auf der **Oberensinger Höhe** (370 m ü. N. N.). Wenige Meter weiter kommen wir zur **Alten Linde** (km 9,5), deren wunderbare Fernsicht

Blick von der Oberensinger Höhe: *... in deutschen Landen möge nicht viel Herrlicheres zu finden sein ...*

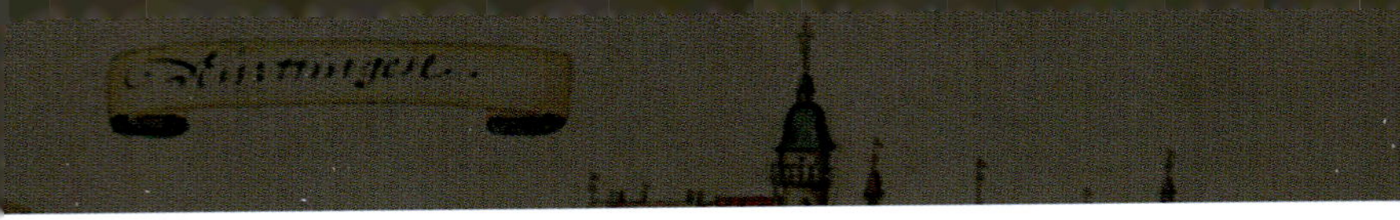

Das Pfarrhaus in Oberensingen aus dem 16. Jahrhundert.

schon Eduard Mörike in seinem Volksmärchen *Das Stuttgarter Hutzelmännlein* trefflich beschrieben hat:

> *Allhie beschaute sich der Seppe noch einmal die ausgestreckte blaue Alb, den Breitenstein, den Teckberg mit der großen Burg der Herzoge,...und Hohen-Neuffen, dessen Fenster er von Weitem hell her blinken sah. Er hielt dafür, in allen deutschen Landen möge wohl Herrlicheres nicht viel zu finden sein, als dieß Gebirg zur Sommerszeit, und diese weit gesegnete Gegend ...*

In der Tat ist wohl auch bei Hölderlin der Einfluss dieser heimatlichen Landschaftsgefilde auf seine Bildersprache bzw. seine Sprachbilder ungemein.

Die Fundamente des römischen Gutshofes in Oberensingen

Blick vom Galgenbergpark auf die Nürtinger Kirchtürme

Begleitet von einem wunderbaren Talblick wandern wir den Höhenweg weiter. Nach einem Gestüt geht es zügig bergab, und bei km 10 erreichen wir wieder den Ortsrand von **Oberensingen**. Wir wenden uns nach links und stoßen auf den **Denkendorfer Weg**, den wir hinunter in die Ortsmitte gehen. Am Lindenplatz steht das schöne Fachwerkhaus der Gaststätte Adler von 1533, auf der anderen Seite der Aich noch ein schönes Fachwerkensemble mit dem Pfarrhaus, ebenfalls aus dem 16. Jahrhundert.

Am Pfarrhaus vorbei geht es die **Mühlgasse** zügig hoch bis zum Ortsrand. Da wo wir auf dem Hinweg rechts in Richtung Bauernwald gegangen waren, gehen wir jetzt links einen kleinen Fußweg entlang und stoßen nach wenigen Metern auf die Überreste einer **villa rustica**, einen römischen Gutshof, der etwa 100 n. Chr. hier angelegt wurde und vermutlich der Rinder- und Schweinezucht diente (km 12). Weiter entlang der Friedrich-Glück-Straße, am Ende links und gleich wieder rechts in die Sackgasse **Schlehenweg**, die auf einem Fußweg in den **Galgenbergpark** führt, einer mit alten exotischen Bäumen bestandenen Parkanlage mit Freilichtbühne. Hangabwärts kommen wir geradewegs an die Neckarbrücke und via Neckarsteige ins Stadtzentrum und weiter zum Bahnhof.

Heimat-Gedichte

Heimat ist ein Schlüsselwort in Hölderlins Weltverständnis. Nie sei in der deutschen Literatur Heimat *als das große Voraus und als utopischer Besitz* mit

Die Heimath. Erstdruck 1806 im Württembergischen Taschenbuch

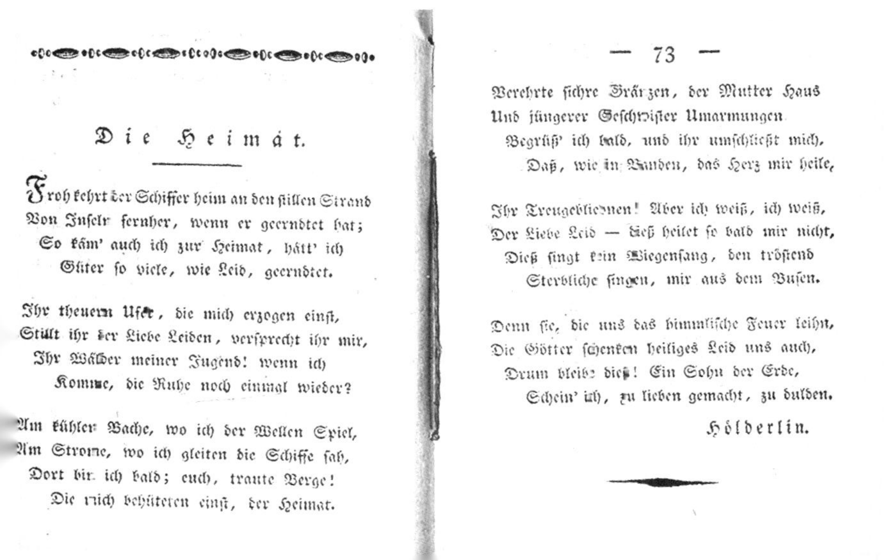

Die Heimat.

Froh kehrt der Schiffer heim an den stillen Strand
Von Inseln fernher, wenn er geerndtet hat;
So käm' auch ich zur Heimat, hätt' ich
Güter so viele, wie Leid, geerndtet.

Ihr theuern Ufer, die mich erzogen einst,
Stillt ihr der Liebe Leiden, versprecht ihr mir,
Ihr Wälder meiner Jugend! wenn ich
Komme, die Ruhe noch einmal wieder?

Am kühlen Bache, wo ich der Wellen Spiel,
Am Strome, wo ich gleiten die Schiffe sah,
Dort bin ich bald; euch, traute Berge!
Die mich behüteten einst, der Heimat.

— 73 —

Verehrte sichre Gränzen, der Mutter Haus
Und jüngerer Geschwister Umarmungen
Begrüß' ich bald, und ihr umschließt mich,
Daß, wie in Banden, das Herz mir heile,

Ihr Treugebliebnen! Aber ich weiß, ich weiß,
Der Liebe Leid — dieß heilet so bald mir nicht,
Dieß singt kein Wiegensang, den tröstend
Sterbliche singen, mir aus dem Busen.

Denn sie, die uns das himmlische Feuer leihn,
Die Götter schenken heiliges Leid uns auch,
Drum bleibe dieß! Ein Sohn der Erde,
Schein' ich, zu lieben gemacht, zu dulden.

Hölderlin.

jener Inständigkeit beschworen worden wie in Hölderlins Gedichten, schrieb der große Tübinger Rhetoriker **Walter Jens**. Die Ode *Die Heimat* entstand im Sommer 1800, kurz bevor der Dichter gescheitert mit seinen dichterischen Vorhaben und auch gescheitert und verzweifelt an seiner großen Liebe nach Nürtingen zurückkehrte. Wehmütig schaut er auf die unbeschwerte Kindheit in der Heimat, das Geborgensein im Kreise der Familie.

Heimkunft

Die sechsstrophige Elegie *Heimkunft* entstand auf der Heimreise bzw. kurz nach der Heimkehr von Hölderlins vorletzter Hauslehrerstelle in Hauptwil in der Schweiz im April 1801. In Lindau, am wellenumrauschten Tor zur Heimat, bieten sich dem Wanderer zwei reizende Alternativen: durchs helle Gebirg nach Como zu wandern oder – und das zieht er vor – heimzugehen, *wo bekannt blühende Wege mir sind.*

...

Aber reizender mir bist du, geweihete Pforte!
Heimzugehn, wo bekannt blühende Wege mir sind,
Dort zu besuchen das Land und die schönen Tale des Neckars,
Und die Wälder, das Grün heiliger Bäume, wo gern
Sich die Eiche gesellt mit stillen Birken und Buchen,
Und in Bergen ein Ort freundlich gefangen mich nimmt.

...

Dort empfangen sie mich. O Stimme der Stadt, der Mutter!
O du triffest, du regst Langegelerntes mir auf!
Dennoch sind sie es noch! noch blühet die Sonn und die Freud euch,
O ihr Liebsten! und fast heller im Auge, wie sonst.
Ja! das Alte noch ists! Es gedeihet und reifet, doch keines,
Was da lebet und liebt, lässet die Treue zurück.

...

(Quelle: Friedrich Hölderlin: Sämtliche Werke. 6 Bände, Band 2, Stuttgart 1953, S. 99–103.)

Schwierige Heimat: der Mutter Haus am geliebten Strom

Die letzten Nürtinger Jahre

Der **Schweizerhof** an der Neckarsteige, *der Mutter Haus*, war der bestimmende Ort in Hölderlins Kindheit und Jugend. Der frühe Tod der Väter schweißte die Familie mit dem Herd der Mutter im Zentrum zusammen. Als 14-Jähriger verließ er mit dem Einzug in die Klosterschule Denkendorf zwar erstmalig sein Elternhaus, es blieb aber bis zu seiner Erkrankung Fixpunkt seines Heimatempfindens. In jungen Jahren verbrachte Hölderlin fast alle Vakanzen und Ferien zu Hause in Nürtingen im Kreise der Familie, also bei der Mutter, Schwester *Rike*, Stiefbruder Karl und der Großmutter mütterlicherseits Johanna Rosina Heyn (geb. Sutor). Das Jugendgedicht *Die Meinige* ist ein schönes Zeugnis dieser Kinderzeit (s. S. 37).

Auch wenn sich vor allem das Verhältnis zur Mutter mit dem Erwachsenwerden grundlegend wandelte und seine geistige Entwicklung sich immer mehr von der Denk- und Glaubenswelt der Mutter unterschied, *der Mutter Haus* blieb immer und gerade in schlechten Zeiten, der heimatliche Ort, an dem der Dichter hoffte, wieder zu Kräften zu kommen. Auch und gerade nach der großen Tragik seines Lebens, dem Ende der Liebesbeziehung mit Diotima Suzette Gontard, über das er sich mit der Mutter nicht aussprechen, sich ihr nicht anvertrauen konnte, erhoffte er sich von den Familienbanden nichtsdestotrotz, dass sie ihm ein Stück weit das Herz heilen mögen. Aber er konnte nicht wirklich hoffen, dass eine fromme, im Geiste des Pietismus erzogene Frau wie seine Mutter, *die Kammerrätin Gok*, Verständnis aufbringen konnte für sein Verhältnis mit der verheirateten Suzette. Es wird überliefert, dass es, nachdem die Mutter Briefe Suzettes in einem Geheimfach seines Koffers entdeckt hatte, zu einem lauten Streit gekommen sei.

Trotz alledem, das Haus der Mutter blieb ein Synonym für Heimat, Geborgenheit, unbeschwerte Tage in der Kindheit, trotz der frühen schmerzhaften Vatertode. Die Bilder der heimatlichen Gefilde waren Sehnsuchtsorte in unwirtlicher Fremde, gespeist von den unschuldig-idyllischen Erinnerungen in der Kindheit.

Gleichwohl zog es ihn nach kurzem Aufenthalt in der Heimat schon bald wieder fort, zu neuen Anläufen, Versuchen und Hauslehrerstellen.

Doch in der Fremde wurde Hölderlin nie heimisch. Es waren ja meist eher kurze Aufenthalte von ein, zwei Jahren oder kürzer, die er an den Orten seiner Hauslehrerstellen verbrachte. Nirgends wuchsen ihm die Menschen und Landschaften so ans Herz wie das heimatliche Neckartal, sodass er nie das Gefühl hatte, Wurzeln schlagen zu können. Ausnahme: In Diotima hatte er eine innere Heimat gefunden, die alles andere aufwog. Aber dass diese Liebe im wirklichen Leben nie eine Perspektive hatte, hat er wohl lange Zeit verdrängt.

So kehrte er in den letzten Nürtinger Jahren oft als Gescheiterter, Geschlagener, Verwundeter, ja Schiffbrüchiger heim.

Der Mutter Haus war ab 1798 die Kirchgasse 17, das *Breunlin'sche Haus*, das Schwester *Rike* nach dem Tode ihres Mannes nun mit ihren Kindern, der Mutter und Großmutter Rosina bewohnte. Die Raumverhältnisse im 2. Stock wa-

ren in der Kirchstraße wesentlich beengter als im Schweizerhof, aber in einer Kammer im Dachgeschoss war immer Platz für den *lieben Fritz*.

Nach dem Tode Suzettes 1802 kehrte nicht nur ein ins Mark Getroffener, sondern auch ein **psychisch** und **mental höchst Gefährdeter** von seinem Abenteuer in Bordeaux zurück.

Leichenblass, abgemagert, von hohlem wildem Auge, langem Haar und Bart, und gekleidet wie ein Bettler erscheint er in Stuttgart, und kurz danach in Nürtingen, wo Bruder Karl *deutlichste Spuren seiner Geisteszerrüttung* erkennt.

Er verliert in der Folgezeit immer mehr den Kontakt zu Freunden und Bekannten. Nichtsdestotrotz bringt er auch in dieser Zeit hervorragende Dichtungen wie *Der Einzige*, *Patmos* oder *Andenken* hervor und überarbeitet seine **Sophokles-Übersetzung**, die 1803 erscheint.

Im Juni 1804 holt Freund Sinclair (s. S. 119) Hölderlin zu sich nach Homburg v. d. H., damit er sich unter der Fürsorge des treuen Freundes regeneriere. Nach dem Abschied von Nürtingen am 19. Juni 1804 wird er seine Heimatstadt niemals wiedersehen, deren **Bürgerrecht** besitzt er aber bis zu seinem Tode 1843.

Literatur

Horst Zimmermann: *Wege zu Hölderlin und Mörike. Ein literarischer Führer durch Nürtingen*, Verlag der Buchhandlung Zimmermann, Nürtingen, 2007

Peter Härtling/Gerhard Kurz (Hrsg.): *Hölderlin und Nürtingen*, Schriften der Hölderlin-Gesellschaft, Band 19, Stuttgart, 1994

Der Verlag der Buchhandlung Zimmermann hat auch diverse Handschriften Hölderlins in bibliophilen Editionen (Folioformat) veröffentlicht:
- *Der Archipelagus*
- *Empedokles, Heidelberg, Die Götter, Der Neckar*
- *Hälfte des Lebens, Entwurf und Vollendung*

Sitzende Gips-Statue von Hölderlin am Neckar

Denkendorf

Im Mittelalter Klein-Jerusalem

Wie viele Orte im Neckartal und auf den Fildern ist der Ort mit heute rund 11 000 Einwohnern schon in **keltischer Zeit** besiedelt. Denkendorfs Geschichte ist eng verknüpft mit der Gründung eines Klosters im **12. Jahrhundert**. Ein frommer Edler namens **Berthold** unternahm eine Pilgerfahrt ins Heilige Land, um in der **Grabeskirche** in Jerusalem zu beten. Dort stiftete er seine Eigenkirche – die Denkendorfer Kirche – und die damit zusammenhängenden Güter und Einnahmen dem Orden der **Chorherren vom Heiligen Grab**, die den Besitz um 1129 übernahmen. Durch weitere Schenkungen wurde das Kloster wohlhabend und baute die Kirche im 13. Jahrhundert um und aus.

Die Krypta mit dem leeren Grab

Blattranken-Fresken am Chorraum der Krypta

In der **Krypta** entstand eine Nachbildung des leeren Grabes in Jerusalem, die nach dem Untergang des Kreuzfahrerstaates zum Wallfahrtsort für all jene Pilger wurde, die nun denselben Ablass in Denkendorf bekamen wie für ein Gebet in der *echten* Grabeskirche in Jerusalem. Von daher stammt der Spitzname ***Klein-Jerusalem*** für Denkendorf.

Im 14. Jahrhundert wurde das Kloster im **Machtkampf** zwischen der Reichsstadt Esslingen und den Grafen von Württemberg beträcht-

Romanische Steinmetzarbeiten an den Kapitellen der Krypta

lich in Mitleidenschaft gezogen, jedoch im 15. Jahrhundert wieder aufgebaut.

Die **Reformation** wurde ab 1535 von den Württemberger Herzögen durchgesetzt und das Kloster in eine niedere **Klosterschule** zur Vorbereitung auf das Theologiestudium umgewandelt. Da es jedoch zu viele Klosterschulen gab, schloss man Denkendorf um 1584 wieder. Gut 120 Jahre später hatte sich die Lage jedoch geändert und unter der Leitung des bekannten Pietisten **Johann Albrecht Bengel** (1687–1752) entstand die zweite Klosterschule im Kloster Denkendorf und wurde über die Landesgrenzen hinaus bekannt. Der pietistische Geist Bengels wehte auch noch zu Hölderlins Zeit durch die ehrwürdigen Klostermauern.

Nach **1806**, als der württembergische König Friedrich das Kloster zum staatlichen Besitz erklärte, wurde die Schule geschlossen. Seither hat das Kloster eine wechselvolle Geschichte erlebt, als **Senf- und Likörfabrik** ebenso wie als **Volksschulheim** oder als **Flüchtlingsunterkunft** nach dem Zweiten Weltkrieg und jetzt auch wieder zeitweise. Das Anwesen gehört seit 1948 der Evangelischen Landeskirche, die das Anwesen meist als Fortbildungseinrichtung nutzte. Durch einen Anbau soll ein **Altenpflegeheim** dazu kommen.

Mönchische Strenge

Klosterschule Denkendorf

Im Oktober 1784 zieht Hölderlin in die zweijährige niedere **Klosterschule** Denkendorf ein, zusammen mit 28 anderen *Alumni*. Der Tagesablauf war streng durch Andachten, **Gottesdienste** und **Unterricht** gegliedert, Ausgang kurz bemessen. Inner- und außerhalb des Klosters war das Tragen einer **mönchischen**

Kutte vorgeschrieben. Die Unterrichtsfächer waren umfangreich: Neben den alten Sprachen und Religion wurden Rhetorik, Logik, Geschichte, Mathematik, Metaphysik u.a. gelehrt. Die Leistungen Hölderlins waren in der Regel gut, sein Benehmen ***polit***. In der **Location** erreichte er den 6. Platz.

Im *Alten Bären* trank der junge Hölderlin so manchen Roten

In Anlehnung an seine Vorbilder Klopstock und Schiller entstanden erste Gedichte, wie z. B. *Die Nacht*, *Der nächtliche Wanderer*, *Das menschliche Leben* oder *M(einem) G(ott)*, ein Zeichen kindlich-pietistischer Frömmigkeit.

Private Kontakte in die Gemeinde waren verboten, ebenso *Zechen, Schmausen, Spielen*. Trotzdem gelang es den Zöglingen das ein oder andere Mal, auszubüxen und im Gasthaus **Zum Alten Bären** zu zechen. Im *Bären* befindet sich heute ein Teil des **Heimatmuseums**.

Von Hölderlin sind zwei Verfehlungen in Denkendorf aktenkundig: Einmal kam er seiner Aufsichtspflicht nicht nach, und ein andermal wurde ihm wegen *Umherstreifens in der Kirche während der Andacht* der Tischwein entzogen.

Körperliche Züchtigungen, die damals noch gang und gäbe waren, hat er demnach keine erleiden müssen.

Klosterkirche Denkendorf. Tischwein-Entzug wegen *Umherstreifens in der Kirche*

Wanderung: Von Denkendorf nach Nürtingen

Der Heimweg des Knaben

Ausgangspunkt	Kloster Denkendorf (Anreise via Bus 119 vom Bf. Esslingen)
Endpunkt	Stadtmuseum Nürtingen
Streckenlänge	9 km, Gehzeit: 2 h
Streckenverlauf	Kloster Denkendorf – Lindenhöfe – Oberensingen – Nürtingen
Schwierigkeitsgrad	leicht
Wegmarkierung	

Sehenswürdigkeiten

- Denkendorf: Gasthof *Zum Alten Bären*, Klosterkirche, Krypta, Bengel-Stube
- Oberensingen: Sammlung Domnick
- Nürtingen: Stadtmuseum mit Hölderlin-Zimmer

Einkehren Gasthof Lindenhof (Fr RT)

Wegbeschreibung

Als Hölderlin von 1784 bis 1786 Klosterschüler in Denkendorf war, ist er öfter die neun Kilometer nach Hause zu Fuß gegangen.

Etwas oberhalb vom **Rathaus** Denkendorf und der dazugehörigen Bus-HS stoßen wir auf einen mächtigen Fachwerkbau, das Gasthaus ***Zum Alten Bären***, wo Hölderlin in jungen Jahren ab und an versucht hat, bei einem oder mehreren Bechern *Roten* dem tristen Klosterschulalltag zu entkommen.

Das Kloster ist keine 200 Meter entfernt am Hang, dessen Besuch sich vor allem wegen der **Klosterkirche** und ihrer berühmten **Krypta** lohnt. Das Klosterensemble ist nur noch teilweise erhalten. Durch diverse Abrisse und einen großen Anbau für das Altenpflegeheim ist das Gebäudeensemble Hölderlin'scher Tage nur noch im Modell im Kirchenvorbau zu sehen.

Wir gehen am Friedhof entlang hoch zur Autobahn **A 8**, wenden uns nach links, unterqueren die AB und nehmen einen alten Wirtschaftsweg hoch auf eine Anhöhe, wo wir auf die Markierungen *Jakobsweg* und *Wanderweg Baden-Württemberg* stoßen.

Bis zu den Lindenhöfen geleiten uns diese Markierungen sicher durch den **Sauhag**, ein altes Jagdrevier der württembergischen Herzöge.

Eine herrliche alte Linde am Wegesrand

Direkt am Wege steht eine alte mächtige Linde mit Bank, an der schon der junge Hölderlin gerastet haben könnte. Wir durchqueren das **Sulzbachtälchen**. Ab der Wegkreuzung kurz nach dem tosenden Sulzbach sind es 2,5 Kilometer zu den **Lindenhöfen**. Der Sauhag ist ein idyllischer Mischwald mit Märchenwald-Flair. Wir treffen auf ein Paar, das mit seinem 19 Jahre alten Schwarzwälder Fuchs auf Wandertour ist und fühlen uns an die Zeit Hölderlins erinnert, der ebenfalls auf Pferdestärken setzte, wenn er schneller von A nach B kommen wollte.

Wir folgen dem *Wanderweg Baden-Württemberg*, bis wir am Waldeck oberhalb der Lindenhöfe einen wunderbaren Blick über die **Schwäbische Alb** mit Teck und Hohen Neuffen haben. Von Eduard Mörike ist die Bezeichnung ***blaue Wand*** überliefert. Der offizielle Wanderweg geht jetzt nach links zwischen den Lindenhöfen hindurch, wir aber nehmen den Weg rechts am Waldrand entlang,

Blick von den Lindenhöfen auf die „blaue Wand"

um nach ein paar hundert Metern links den **Gasthof Lindenhof** zu sehen, der mit seinen vielen auf dem Gelände verteilten Sitzgelegenheiten zu einer Rast verführt, zumal der Blick hinüber zur Schwäbischen Alb grandios ist (km 3,5).

Wir nehmen weiter den Fahrweg an den Lindenhöfen vorbei, bis wir bei der Abzweigung **Radweg Wolfschlugen** wieder auf den *Jakobsweg* stoßen. Dem folgen wir durch die **Dittelbachniederung** durch das Waldhauser Holz, biegen aber nicht in Richtung Wolfsschlugen ab, sondern gehen weiter bergan und folgen nun der Markierung **rotes Kreuz**, das uns bergab bis nach Nürtingen begleitet. Die Nürtinger Stadtkirche verlieren wir ab jetzt ebenso wenig aus dem Blick wie den Hohen Neuffen und das herrliche Albpanorama. Wir folgen dem alten **Denkendorfer Weg**, auf dem mit Sicherheit auch der junge Hölderlin gewandelt ist, ist es doch der schnellste Weg zu *der Mutter Haus* an der Neckarsteige. Bei km 7 sind wir am oberen Ortsrand von **Oberensingen**. An Kindergarten und Feuerwehr vorbei kommen wir ins Ortszentrum, wo wir die Aich überqueren. Ein Halt ist auch möglich bei der **Sammlung Domnick** (abstrakte Kunst & Skulpturen). Wir passieren das **Nürtinger Freibad** und an Sportplätzen und Parkflächen vorbei erreichen wir das Hallenbad und ein paar Meter weiter die **Neckarbrücke**, die wir überqueren. Rechts am Neckar entlang führt uns der Weg an der Steinach entlang direkt zum **Stadtmuseum**.

Blick vom Denkendorfer Weg auf Nürtingens Stadtkirche und die Schwäbische Alb im Hintergrund

Thema: Schwäbischer Pietismus

Der Pietismus entstand aus verschiedenen religiösen und politischen Bewegungen in England und Frankreich und breitete sich im **17. Jahrhundert** auch in evangelischen Kreisen in Deutschland aus.

Im Zentrum steht die **Erneuerung der Kirche**, die durch ein **frommes gottgefälliges Leben** in allen Alltagssituationen erreicht werden soll. Arbeit in der Gemeinde, die Erziehung und die Wissenschaften sollen eine stufenweise Höherentwicklung des Menschen bewirken. Ziel ist die subjektive Erfahrung der Wiedergeburt und das **Kommen des Reiches Gottes**. Der Begründer des schwäbischen Pietismus, **Johann Albrecht Bengel** (1687–1752), leitete die Denkendorfer Klosterschule und machte Denkendorf und Nürtingen zu Zentren des Pietismus in seiner schwäbischen Spielart, des sogenannten ***Spekulativen Pietismus***, als dessen weitere prominente Vertreter **Friedrich Christoph Oetinger** (1702–1782) und **Philipp Matthäus Hahn** (1739–1790) gelten. Eine umfassende Kenntnis der Antike und der griechischen Sprache ist Grundlage einer **Bibel-Exegese**, die auf einer genauen **Wort-für-Wort-Interpretation** beruht. Geschichte vollzieht sich demnach als Heilsgeschichte in Stufen. Bengel erscheint als Prophet der **Endzeit**, der auch mit den Begriffen der **Kabbala** arbeitete.

Sowohl der zweite Nürtinger Pfarrer **Nathanael Köstlin**, der den jungen Hölderlin auf diverse Landexamen vorbereitet hatte und als sein Hauslehrer gelten kann, als auch der Stadtpfarrer **Jakob Friedrich Klemm**, der ihn konfirmierte, galten als Schüler und Anhänger Oetingers.

Literatur

Johannes Kreuzer (Hrsg.): *Hölderlin Handbuch*, 2011, S. 21 ff

Bengel-Porträt in der Klosterkirche Denkendorf

Besterhaltene Anlage nördlich der Alpen

Kloster Mulenbrunnen

Ihren ursprünglichen Namen **Mulenbrunnen** verdankt die Anlage der Gründungssage nach einem **Maultier**, das die aus dem Elsass stammenden Mönche ausgesandt hatten, um einen wasserreichen Platz zu finden. Im **Salzachtal** wurde das Tier fündig. Das Wasser war für die Zisterziensermönche schon allein deshalb unverzichtbar, weil ihre Ordensregel den Verzehr vierbeiniger Tiere verbot, und sie sich vor allem von Fisch ernährten. Etliche Fischweiher in der näheren Umgebung sind deshalb das Werk der Maulbronner Mönche.

Kloster Maulbronn – seit fast 500 Jahren Evangelisches Seminar

Ab 1147 entstand als geistiges Zentrum der Klosteranlage eine **romanische Kirche**. Im Kircheninnern sind das reich verzierte Chorgestühl für 92 Mönche, die holzgeschnitzte Maulbronner Madonna sowie das steinerne Kruzifix von herausragender kunsthistorischer Bedeutung. Daneben vermittelt auch der benachbarte **Kreuzgang** einen tiefen Eindruck von der Größe mittelalterlicher Baukunst, die in Maulbronn vor allem mit dem sogenannten **Paradiesmeister** verknüpft ist. Der unbekannte Meister hat nicht nur den Südflügel des Kreuzgangs und das Herrenrefektorium gestaltet, sondern auch den Kirchenvorbau, das **Paradies**. In diesem Vorbau taten die Pilger Buße, da der Zutritt zur Kirche den Mönchen vorbehalten war. Um 1210 entstanden, stellt das Paradies ein einzigartiges Zeugnis des **Übergangsstils** von der Romanik zur Gotik dar. Seinen Namen erhielt der Vorbau durch die heute nicht mehr vorhandene Deckenbemalung mit Motiven des **Garten Eden**. Wie die Deckenbemalung im Brunnenhaus und Refektorium, soll sie von dem Stuttgarter Maler und Bildhauer **Jörg Ratgeb** stammen, der im **Bauernkrieg** die aufständischen Bauern unterstützte und 1526 in Pforzheim hingerichtet wurde.

Hölderlin ist auch in Maulbronn immer noch aktuell

Bauen war auch im Mittelalter schon eine teure Angelegenheit. Um dem baufreudigen **Abt Entenfuß** aus seinen finanziellen Engpässen zu helfen, soll der **Magier Johannes Faust** Anfang des 16. Jahrhunderts in der Klosterküche versucht

Mittelalter-Markt im Klosterhof

haben, Gold alchemistisch herzustellen. Der Faustturm weist auf die zeitweise Anwesenheit des Schwarzkünstlers aus dem benachbarten Knittlingen hin.

1504 wurde Maulbronn württembergisch und Herzog Ulrich löste im Zuge der Reformation alle Klöster auf, sein Sohn Christoph von Württemberg wandelte sie 1556 in **Klosterschulen** um. Die höhere Klosterschule zur Pfarrerausbildung existiert als **Evangelisches Seminar** bis heute fort.

Die Liste berühmt gewordener *Alumni* reicht von Johannes Kepler über Hölderlin und Georg Herwegh bis Hermann Hesse.

Seit 1972 nimmt das **altphilologische Gymnasium** (rund 100 Schüler) mit Abschluss Abitur auch Mädchen auf. Im Mittelpunkt des Lehrplans stehen immer noch, wie zu Zeiten Hölderlins, die **alten Sprachen**, allen voran Altgriechisch, aber auch Religion und Musik. Das Evangelische Seminar hat sich auch als Veranstalter der **Klosterkonzerte** einen Namen gemacht.

Seit 1993 gehört das Maulbronner Gebäudeensemble zum **Weltkulturerbe**.

Literatur

Carla Mueller, Karin Stober: *Kloster Maulbronn*, Imhof-Verlag 2017, 7 €

Erste heiße Liebe im kalten Kloster

Zwei Jahre Klosterkreuz

Im Oktober 1786 zog Hölderlin mit seiner *Promotion*, d.h. der 28 *Alumni* umfassenden Klasse, die die niedere Klosterschule in Denkendorf durchlaufen hatte, in die **höhere Klosterschule** Maulbronn ein. Zu den Fächern in Denkendorf und den antiken Sprachen kamen Metaphysik und Französisch hinzu.

Der Tagesablauf für die Zöglinge war auch hier streng geregelt. Frühes Aufstehen, ein großes Unterrichtsprogramm, vier Andachten täglich, kaum Freizeit und dazu noch schlechtes Essen und im Winter eine unerträgliche Kälte in den Klostermauern machten den Jungen zu schaffen. Kaffee, Tee und Rauchen waren verboten, ebenso das Lesen schädlicher Bücher im Sinne der absolutistischen Herrschaft, also kein Schiller, Goethe oder Klopstock.

Haus des Klosterverwalters, in dem Louise Nast wohnte

Doch der Ephorus **Johann Christoph Weinland**, ein Günstling des Herzogs, war ein schwacher Schulleiter, und so wurde in Maulbronn vieles nicht so heiß gegessen wie gekocht. Trotzdem war es ein hartes *Klosterkreuz*, was Hölderlin und seine Mitschüler zu tragen hatten. *Dann das sind doch ordentliche Nahrungssorgen, wenn man so nach einem Schluck Kaffee, oder nur einem guten Bissen Suppe hungert, und nirgends, nirgends nicht auftreiben kann ...*, klagt er in einem Brief an die Mutter. Seine Leistungen sind nicht überragend, aber gut. In der *Location* seiner Klasse rangiert er, wie in Denkendorf, an sechster Stelle. *Vorzüglich* ist er allerdings in Poesie, weshalb er auch dazu ausersehen ist, dem **Herzog Karl Eugen** und seiner Gemahlin Franziska von Hohenheim anlässlich einer Visitation im November 1786 ein **Huldigungsgedicht** vorzutragen.

Auch Hölderlin und sein Freund Bilfinger haben sich an der Klostermauer *verewigt*, wie es damals Unsitte unter den *Alumni* war

Getuschter Schattenriss von Louise Nast (1768–1839)

Schon im ersten Monat seines Maulbronnaufenthalts lernt Hölderlin die zwei Jahre ältere **Louise Nast** kennen, jüngste Tochter des Maulbronner Klosterverwalters. Seine Verliebtheit wird von der jungen Frau erwidert, und Hölderlin wird erstmals zum **Liebesgedichte**-Dichter (*An Stella* und *An die Nachtigall*).

Engster Freund in dieser Zeit ist neben **Klassenkamerad Bilfinger** Louises Cousin **Immanuel Nast**, Schreiber in Leonberg, dem er jedoch erst nach einem Jahr seine Liebe zu Louise beichtet. Die Beziehung ist nicht frei von Spannungen, Hölderlin ist in seinen Stimmungen oft schwankend und launisch, einmal himmelhoch jauchzend und dann wieder zu Tode betrübt.

Die beiden **verloben** sich mit Zustimmung ihrer Eltern im Spätjahr 1788, nachdem Hölderlin Maulbronn bereits verlassen und am **Tübinger Stift** sein Studium begonnen hat. Ein paar Monate später, im Frühjahr 1789 kommt jedoch das Ende. Hölderlin löst das Verlöbnis auf, da er sich nicht zu einer dauerhaften Bindung, sprich Ehe, durchringen kann. Dann hätte er dem Lebensweg eines Pfarrers wohl nicht mehr entgehen können. Doch gerade den wollte er nicht einschlagen. Seinem Vorbild **Schiller** wollte er nacheifern und **Dichter** werden – unbedingt! *Ich wollte Dich nicht binden, weil es ungewiß ist, ob jener mein ewiger Wunsch jemals erfüllt, ob jemals … dieser Ehrgeiz befriedigt wird, ob ich jemals ganz heiter, ganz froh und gesund werden kann,* schrieb er zum Abschied an Louise.

Schon früh strebte der junge Dichter nach Höherem
Klopstocksgröße & Pindars Flug

Die Vorstellung, einmal wie die Großen zu Dichterehren zu gelangen, hat Hölderlin wohl schon in frühen Jugendtagen in sich getragen. Erste Dichtungen sind schon aus der Denkendorfer Zeit bekannt (s. S. 47ff). In Maulbronn verdichtete sich der vage Traum zu einem *Vorsatz*, wie der 17-Jährige sein programmatisches Gedicht nannte.

Mein Vorsatz

O Freunde! Freunde! die ihr so treu mich liebt!
Was trübet meine einsame Blicke so?
Was zwingt mein armes Herz in diese
Wolkenumnachtete Totenstille?

…

Ists heißer Durst nach Männervollkommenheit?
Ists leises Geizen um Hekatombenlohn?
Ists schwacher Schwung nach Pindars Flug? ists
Kämpfendes Streben nach Klopstocksgröße?

Ach Freunde! welcher Winkel der Erde kann
Mich decken, daß ich ewig in Nacht gehüllt
Dort weine? Ich erreich' ihn nie, den
Weltenumeilenden Flug der Großen.

Doch nein! hinan den herrlichen Ehrenpfad!
Hinan! hinan! im glühenden kühnen Traum
Sie zu erreichen; muß ich einst auch
Sterbend noch stammeln: Vergeßt mich, Kinder

Hier wird einerseits der mächtige **Ehrgeiz** deutlich, der schon in jungen Jahren eine ständige Triebfeder war, andererseits aber auch das Schwanken und Zweifeln an den eigenen Fähigkeiten, ein Wechselbad aus Frustration und Euphorie das auch die späteren Lebensjahre durchzog.

Der antike griechische Dichter **Pindar** (ca. 520 v. Chr.–ca. 446 v. Chr.) gehörte zum Kanon der neun Lyriker und war als einer der bedeutendsten Sänger der Antike Teil des Maulbronner Lehrplans. Seine **Kultgedichte** und **Siegeslieder**, zu denen er meist auch die Musik komponierte, übten einen starken formalen und inhaltlichen Einfluss auf die **Hymnen**-Dichtung Hölderlins aus. 1799 übersetzte er die **Pindar-Fragmente**.

Ossians Gesänge waren ein angeblich altgälisches Epos aus der keltischen Mythologie, das jedoch von dem schottischen Hauslehrer **James Macpherson** um 1760 geschrieben worden war, was erst um 1800 größeren Kreisen bekannt wurde. Im Maulbronner Seminar herrschte zu Hölderlins Zeit jedenfalls, wie im ganzen literarischen Europa, eine regelrechte Ossian-Begeisterung, die auch den jungen Seminaristen erfasste. Die Erzählungen um den Held Ossian, seinen Vater Fingal und seinen Sohn Oscar sind teils an keltische Sagengestalten angelehnt, teils frei erfunden. Nach 1800 ebbte die Ossian-Begeisterung ab, aber es blieb bis heute die Popularität des Männernamens Oscar weltweit.

Von den zeitgenössischen deutschen Dichtern, die den jungen Hölderlin begeisterten, ist neben **Friedrich Schiller** (1759–1804) vor allem **Friedrich Gottlieb Klopstock** (1724–1803) hervorzuheben. Schon als 14-Jähriger las Hölderlin zusammen mit seinem Bruder Karl die *Hermanns Schlacht*, ein vaterländisches Gedicht über den Cheruskerfürsten Arminius. Im *Messias* gebrauchte er als erster den Hexameter in der deutschen Dichtung und wurde so zum Vorbild für die **Sturm und Drang**-Dichter wie den jungen Goethe, aber auch für Hölderlin im Gebrauch eines freien Rhythmus. Die in der Utopie *Die deutsche Gelehrtenrepublik* entwickelte Herrschaftsform der ***Aldermänner*** griffen Hölderlin und seine Tübinger Freunde in ihrer Gründung des ***Aldermannsbundes*** auf. (s. Tübingen)

Friedrich Gottlieb Klopstock war nicht nur ein Vorbild Hölderlins, sondern auch des jungen Goethe

Der Star unter den zeitgenössischen Dichtern war, zumal für die schwäbische gebildete Jugend, ihr Landsmann **Schiller**, der mit seinen Werken und seinem Widerstand gegen den absolutistischen Tyrannen **Karl Eugen** nicht nur die Jugend begeisterte. *Das Stück (Don Carlos) war lange Zeit die Zauberwolke, in die der gute Gott meiner Jugend mich hüllte, dass ich nicht zu frühe das Kleinliche und Barbarische der Welt sah, die mich umgab*, schrieb Hölderlin später an Schiller. Über die Hauslehrerstelle bei **Charlotte von Kalb** lernten sich die beiden Schwaben später persönlich kennen und schätzen. Die anfängliche Unterstützung des Älteren für den aufstrebenden Dichter in Form von Publizierung einzelner Gedichte, etwa in seinen Zeitschriften ***Horen*** oder ***Thalia*** verflachte jedoch im Lauf der Jahre zusehends, bis Schiller Briefwechsel und Kontakt ganz einstellte. Zu sehr hatte sich Hölderlin wohl in seinem brennenden Ehrgeiz mit den Werken Schillers auch kritisch auseinandergesetzt und ihn in seinen eigenen Arbeiten zu übertreffen versucht.

Radwanderung: Erste Reise an den Rhein

Von Maulbronn nach Heidelberg

Anfang Juni 1788 unternahm der 18-jährige Hölderlin seine erste größere Reise, die ihn über **Bruchsal** und **Speyer** bis nach **Frankenthal** führte. Die Landschaften des Rheintales und der Anblick des großen Stromes *rührte mich außerordentlich*, wie er an seine Mutter schrieb.

Der erste Teil der Reise erfolgte an einem Tag zu Pferde bis Speyer, wo er seine Cousine Friederike Volmar und ihren Verlobten Johann Friedrich Blum traf, der aus Speyer stammte.

Von dort ging es anderntags zusammen weiter mit der *Chaise* über **Schwetzingen** und **Heidelberg** nach **Mannheim**, wo er ein Schauspiel im Nationaltheater besuchte.

Wir folgen dem Reiseweg Hölderlins mit dem Drahtesel in drei Etappen: von Maulbronn nach Bruchsal (29 km), von Bruchsal nach Speyer (30 km) und von Speyer nach Heidelberg (27 km).

Hölderlins erste Reise – Etappe 1: von Maulbronn nach Bruchsal

Unter dummen Pfaffen und steifen Residenzfratzen

Ausgangspunkt	Kloster Maulbronn
Endpunkt	Bf. Bruchsal
Streckenlänge	29 km

Streckenverlauf	Maulbronn – Knittlingen – Bretten – Diedelsheim – Gondelsheim – Helmsheim – Heidelsheim – Bruchsal
Schwierigkeitsgrad	mittel (steiler Anstieg zwischen Maulbronn und Knittlingen, gemäßigte Anstiege zwischen Knittlingen und Bretten, ab Diedelsheim im Saalbachtal ebene Strecke)
Karte	Radtourenkarte Kraichgau-Stromberg, 1 : 50.000, GPS-geeignet
Kartenskizze	S. 62

Sehenswürdigkeiten

- Knittlingen: Faustmuseum
- Bretten: Melanchthonhaus am historischen Marktplatz
- Gondelsheim: Schloss der Grafen Douglas
- Heidelsheim: Stadttor mit Resten der Stadtmauer
- Bruchsal: Barockschloss mit Museen

Einkehren

- Bretten: *Lamm*, Pforzheimer Straße 15 (Biergarten)
- Gondelsheim: *Löwenthor* (belgische Bierspezialitäten)
- Bruchsal: Gasthaus *Zum Bären*, Schönbornstraße 28 (Terrasse)

Wegbeschreibung

Wir starten am Parkplatz des Klosters und fahren via Gartenstraße in Richtung der katholischen Kirche St. Bernhard. Unterhalb der Kirche beginnt die Knittlinger Steige, die Alte Knittlinger Straße, die uns am Kinderzentrum vorbei rund einen Kilometer steil hoch in den Wald führt. Auf ebener Strecke geht es durch einen schönen Buchenmischwald, und ein alter Meilenstein *Bruchsal 5 Stunden* sagt uns, wie viel ein Fußgänger noch vor sich hat. Nach km 2,5 erreichen wir einen freien Platz, den ehemaligen Richtplatz des *Hochfürstlich Württembergischen Hoch- und Halsgerichts.* Der letzte Verbrecher, der hier oben hingerichtet wurde, war der Raubmörder Bauer aus Rammingen bei Ulm. Es ist sehr wahrscheinlich, dass Hölderlin bei seiner Reise hier vorbeikam. Erwähnt hat er den Ort nicht. Von hier geht es wieder bergab, an den Schanzanlagen der Eppinger Linien vorbei, die zu Zeiten Ludwig XIV. Württemberg vor französischen Einfällen schützen sollten. Von der Grillhütte Steig sind es noch drei Kilometer hinunter nach Knittlingen, das lange Zeit dem Kloster Maulbronn gehörte. Danach wurde es württembergisch, was man am ausgeprägten Schwäbisch der Bewohner noch

Faustmuseum in Knittlingen, Geburtstadt des Magiers

heute hört. Hölderlin war bester Laune, als er den Berg hinunterritt und unter sich Knittlingen und *weit hinaus die gesegneten Gefilde der Pfalz* liegen sah, wie er im Reisebericht an die Mutter kundtat. An Streuobstwiesen vorbei, geht es hinunter in die Faustschadt. Bei der Hauptstraße wenden wir uns nach rechts. Im Zentrum des Städtchens steht der **Faustbrunnen**, bei dem wir in die Marktstraße einbiegen. An deren Ende kommen wir ans **Faustmuseum** (km 5,5) neben der protestantischen Kirche. In dem Haus auf der anderen Seite der Kirche soll der berühmte Magier und Alchemist Johannes Faust 1480 geboren sein. Goethe hat ihm mit seinem Drama ein unsterbliches Denkmal gesetzt.

Wir fahren die kleine Straße zwischen Kelter und **Faust-Geburtshaus** hinunter zur Hauptstraße. Nach der Fußgängerampel geht es an der Straße entlang

rechts hoch zum **Schillerblick**, die zweite und letzte beachtliche Steigung auf dieser Etappe. Bei km 7 sind wir an der Stelle, an der Friedrich Schiller 1782 auf der Flucht nach Mannheim Abschied von seiner schwäbischen Heimat nahm. Hier war die **württembergisch-kurpfälzische Grenze**, und in den kurpfälzischen Landen war der Dichter sicher vor den Häschern des Herzogs Karl Eugen. Zügig geht es nun durch die **Saalbachsenke**, an Obstbäumen und den **Hetzbaumhöfen** vorbei, nach Bretten. Hier verlief auch ein viel befahrener Handelsweg, der seit dem Mittelalter die Städte Augsburg und Frankfurt verband. Nach den Hetzbaumhöfen stoßen wir auf die Landstraße nach Oberderdingen, die wir hinunterfahren und uns nach rechts wenden ins Zentrum der Stadt **Bretten**.

Am **Melanchthon-Gymnasium** mit dem Denkmal des berühmten Gelehrten vorbei sind wir bei km 11 auf dem von Fachwerk-Bürgerhäusern geprägten **Marktplatz** der ehemals kurpfälzischen Amtsstadt. Während Friedrich Schiller

Bretten ist die Geburtsstadt Melanchthons

hier im **Schillerhaus** auf seiner Flucht rastete, hatte es Hölderlin sechs Jahre später eilig, nach Bruchsal weiterzureiten, wo ihn Vetter Blum erwarten sollte.

Wir gehen durch die Brettener **Fußgängerzone** am **Melanchthon-Haus** vorbei Richtung Westen und fahren am Radweg entlang der Straße mit einem leichten Anstieg zur **Diedels-**

Plakette am Schillerhaus am Brettener Marktplatz

heimer Höhe und dann hinunter in das Dorf, bei dessen **Rathaus** in der Ortsmitte (km 13) wir den Radweg nach rechts Richtung **Gondelsheim** nehmen. Auf einem betonierten Feldweg geht es im Saalbachtal hinüber ins zwei Kilometer entfernte Gondelsheim. Bei der Kirche fahren wir links und bei den DB-Gleisen nach rechts am Bahnhof vorbei zum ehemaligen **Schloss** der **Grafen Douglas**, das unverkennbar im schottischen Stil erbaut wurde. Der Schlosspark mit altem Baumbestand ist seit einigen Jahren nicht mehr für die Öffentlichkeit zugänglich.

So fahren wir weiter dem geraden Verlauf der **Stadtbahn-Gleise** folgend bis zum Ortsrand von **Helmsheim** (km 19). Hier finden wir den **Straußenhof** Gottesau, wo man frische Straußeneier erwerben kann. Der Radweg führt uns weiter an der Bahnstrecke entlang ins knapp drei Kilometer entfernte mittelalterliche Reichsstädtchen ***Heidolfsheim***, neudeutsch **Heidelsheim**, dessen Stadtkern mit dem mächtigen Stadttor und den Resten der Stadtmauer aus dem 13. Jahrhundert von vergangener Bedeutung kündet. Am Bahnhof verkündet uns das Radwegschild, dass unser Ziel Bruchsal nur noch 5,1 Kilometer entfernt ist. An den Sportplätzen vorbei und zwischen Saalbach und Landstraße erreichen wir bei km 26 das Ortsschild **Bruchsal**. Noch zwei Kilometer meist am Saalbach entlang geht es in die Stadtmitte. Unser Radweg endet beim **Bürgerhaus** am Beginn der Fußgängerzone. Durch diese hindurch und via **Marktplatz** und **Friedrichsplatz** kommen wir zum **Bahnhof Bruchsal**, dem Ziel der ersten Etappe (km 29). Hölderlin war hier des Mittags mit *Vetter Blum* verabredet, der ihn weiter nach Speyer geleiten sollte. Blum kam jedoch nicht, und so ritt Hölderlin nach drei Uhr verärgert alleine weiter. *Gefallen hatte mirs in Bruchsal ohnehin nicht, unter dummen Pfaffen und steifen Residenzfratzen,* schrieb er an die Mutter.

Unverkennbar schottisch: das Gondelsheimer Schloss der Grafen Douglas

Hölderlins erste Reise – Etappe 2: von Bruchsal nach Speyer

Durch dichte Wälder zur grandiosen Rheinebene

Ausgangspunkt	Bf. Bruchsal
Endpunkt	Dom zu Speyer
Streckenlänge	30 km
Streckenverlauf	Bruchsal – Forst – Hambrücken – Wiesental – Waghäusel – Eremitage – Oberhausen – Rheinhausen – Rheinfähre (Fr, Sa, So) – Speyer (Alternative Mo–Do: auf dem Rheindamm und am Rhein entlang an Altlußheim vorbei zur Speyerer Rheinbrücke, 2 km länger)
Schwierigkeitsgrad	leicht, ebene Strecke ohne Steigungen
Übernachten	Speyer: Jugendherberge, Geibstraße 5
Kartenskizze	S. 67
Wegmarkierung	*Schönborn-Route*

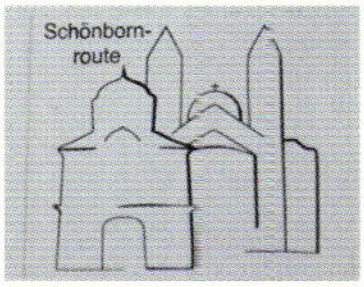

Sehenswürdigkeiten
- Bruchsal: Barockschloss mit Museen
- Eremitage: barockes Lustschloss der Fürstbischöfe; Denkmal zur 1848er Revolution
- Rheinhausen: Gasthaus *Alte Post* mit Postmuseum
- Speyer: Kaiserdom aus dem 11. Jahrhundert, Historisches Museum der Pfalz, Judenhof mit Mikwe und Synagoge, Technikmuseum, Sealife-Museum

Einkehren
- Bruchsal: Schlosscafé
- Rheinhausen: Hotel-GH *Alte Post*
- Speyer: Naturfreundehaus, Geibstraße 1

Wegbeschreibung

Vom Bahnhof Bruchsal sind wir in fünf Radminuten am Schloss. Start der Schönborn-Route ist am **Damianstor**, benannt nach dem Speyerer Fürstbischof **Hugo Damian von Schönborn**, der nach seinem Amtsantritt 1719 Bruchsal zu seiner Residenz machte und das prächtige Barockensemble bauen ließ. Bis **Forst** folgen wir dem Schönborn-Piktogramm.

Zunächst **Am Schlossgarten** entlang bis zur **Assamstraße**, diese bis zur K 3526, die Rampe links hoch, über die Bahnlinie und an der Kreisstraße den

Das Lächeln des Bacchus, Allegorie für den Herbst im Bruchsaler Schlossgarten

Radweg entlang bis zu einem Kreisel, wo wir die Straßenseite wechseln und auf dem Radweg rechts der Kreisstraße die B 35 überqueren. Am Ortseingang von **Forst** (REWE) fahren wir links und geradewegs die **Barbarastraße** durch, bis wir auf die L 556 stoßen und uns links Richtung **Hambrücken** wenden, während die Schönborn-Route nach rechts abbiegt. An den Sport- und Freizeitanlagen vorbei, erreichen wir die Wälder der **Oberen Lußhardt**. Zu Hölderlins Zeiten war das Waldgebiet noch nahezu undurchdringlich und nicht von Straßen und Bahnstrecken durchzogen. *So dick habe ich in Wirtemberg keine Wälder gesehen. Kein Sonnenstrahl drang durch*, schrieb er in seinem Reisebericht an die Mutter. Bei km 10 sind wir an der stattlichen Kirche von **Hambrücken**, einem ehemaligen Köhlerdorf, in dem die Fürstbischöfe zu Speyer einst Treibjagden veranstalteten. Fast alle Dörfer der Lußhardt und des Bruhrain gehörten seit dem Mittelalter zum **Hochstift Speyer**, was auch an den meisten Ortswappen noch heute zu sehen ist (silbernes Kreuz auf blauem Grund).

Am Ortsausgang nehmen wir den Radweg links neben der L 556 Richtung **Wiesental**. Wo der **Wagbach** die Landstraße quert, überqueren wir die Straße und folgen dem Verlauf des Bächleins am Waldrand. Nach wenigen Metern kommen wir an die Stelle, wo die Römer ab 80 n. Chr. ein **Kleinkastell** aus Erde und Holz errichtet hatten. Ein Stück weiter überqueren wir den Wagbach und fahren zum gegenüber liegenden Waldrand, wo wir uns nach links wenden und rechts des Baches bleiben, bis wir am **Ortsrand** von Wiesental die L 638 überqueren und in die **Beethovenstraße** hineinfahren, dann rechts in den **Unteren Haagweg** und weiter in die **Poststraße**, bis uns das Schild ***Reithalle*** nach rechts abbiegen lässt.

Wieder über den Wagbach, geht es anschließend nach links in den **Seppl-Herberger-Ring**. Wir folgen dem Radweg jetzt wieder auf der Schönborn-Route und kommen in **Waghäusel** über die Wiesentaler, Schönborn- und Kirrlacher Straße an die **Eremitage**, die zu Hölderlins Zeit noch von Wald umgeben war, heute aber in einem offenen Gelände liegt, direkt neben der **Zuckerfabrik**, die im

Der Wagbach bei Wiesental

19. Jahrhundert hier errichtet wurde. Die ursprünglich sechzehneckige Eremitage ließ **Fürstbischof Hugo Danian** von 1719 bis 1724 errichten, um in der Nähe des Klosters und Wallfahrtsorts ungestört fasten und beten zu können. 1435 hatte hier ein Schäfer eine Marienstatue mit Jesuskind gefunden, die fortan wunderbare Kräfte offenbart haben soll. 1616 bauten Kapuziner eine Kapelle zur **Klosteranlage** aus.

Direkt neben der Eremitage, die heute für Hochzeiten, Seminare und Bildungsveranstaltungen genutzt wird, wurde 1999 ein **Denkmal** für die 1848er Demokraten der **Badischen Revolution** errichtet, in Erinnerung an die Schlacht bei Waghäusel auf dem Gelände der ehemaligen Zuckerfabrik. Bei der entscheidenden Schlacht hatten die preußischen Interventionstruppen nach heftigem Hin und Her gesiegt.

Der einsame Reiter Hölderlin war 1788 ungemein

froh, als er die dunklen Wälder der Lußhardt endlich hinter sich hatte *und eine unabsehbare Ebene vor meinen Augen lag*, die **Rheinebene**, die der junge Student damals zum ersten Mal sah. Die fruchtbare Ebene und *der weite, schöne, blaue Himmel über mir* ließen ihn andächtig erstarren.

Von der Eremitage geht es hinüber zum **Kloster** und westlich davon an der K 3537 führt uns der Radweg über Eisenbahnlinie und B 35 an den Ortsrand von **Oberhausen**, wo wir uns nach rechts wenden. Über den Radweg im Tiefgestade geht es um Oberhausen herum und am **Ehrlichsee** vorbei nach **Rheinhausen** (km 25). Der **Hotel-Gasthof *Alte Post*** wenige Meter vom Fähranleger ist die älteste Poststation Badens. 1552 richtete hier die

Kinder nutzen das 1848er-Denkmal für ihre Zwecke.

Die Eremitage: Rückzugsort für die Fürstbischöfe, heute Trauungsort

Familie Thurn und Taxis eine Station ein, die zur Postfernverbindung Innsbruck – Brüssel gehörte. Die nächsten Verbindungsorte mit Pferdewechsel waren Knittlingen und Worms.

Hölderlin folgte also bei seiner ersten größeren Reise dem **alten Postweg**. Heute ist in der Alten Post ein kleines Postmuseum eingerichtet. 200 Meter weiter sind wir am **Rhein** und an der seit 1405 benutzten **Fährstelle**. Hölderlin musste hier eine ganze Weile warten, aber die Zeit wur-

Alte Post in Rheinhausen – Badens älteste Poststation

In Speyer beginnt einer der Jakobs-Pilgerwege

Der Dom – bald tausend Jahre Baugeschichte

de ihm angesichts des beeindruckenden Stroms nicht lang. *Man fährt mit Booten über, welche so groß sind, dass zwei Gefährte mit Pferden und noch Leute genug drin Platz haben*, berichtet er der Mutter. Die Überfahrt damals mittels Gierseilfähre dauerte eine halbe Stunde, heute mit Motorkraft etwa die Hälfte. Vom Speyerischen Ufer sind es noch gut vier Kilometer durch die Rheinauen und die Außenbezirke der Stadt bis zum **Kaiserdom**, den wir bei km 30 erreichen.

Da die Fähre montags bis donnerstags **nicht fährt**, müssen wir an diesen Tagen mit einer zwei Kilometer längeren Radstrecke auf dem Rheindamm an **Altlußheim** vorbei Vorlieb nehmen. Nach dem Kieswerk links runter streckenweise direkt am Rhein entlang, bis wir nach ca. sechs Kilometer Umweg via **Speyerer Rheinbrücke** den Dom erreichen.

Blick vom Rhein auf Speyer

Schwetzinger Moschee als schönstes Bauwerk

Ausgangspunkt	Dom zu Speyer
Endpunkt	Heidelberg Hbf.
Streckenlänge	27 km
Streckenverlauf	Speyer – Schwetzingen – Plankstadt – Eppelheim – Heidelberg
Schwierigkeitsgrad	leicht, ebene Strecke ohne Steigungen
Kartenskizze	S. 67
Wegmarkierung	Kurpfalz-Route

Sehenswürdigkeiten

- Schwetzingen: Schloss und Schlossgarten
- Heidelberg: Philosophenweg, Schloss, Altstadt

Einkehren

- Bei Ketsch: Johanneshof (Ausflugslokal an der Strecke)
- Schwetzingen: Brauhaus zum Ritter, Schlossplatz 1; Welde Brauhaus, Mannheimer Straße 2; Kaffeehaus, Schlossplatz 3
- Heidelberg: Kulturbrauerei HD, Leyergasse 6; Café Schafheutle, Hauptstraße 94

Wegbeschreibung

Vom Dom fahren wir durch den dahinter liegenden Park hinunter zur Rheinbrücke und nehmen den Radweg links über die Brücke. Zu Hölderlins Zeiten gab es noch keine Brücke, er musste mit dem Boot übersetzen und war mit der *Chaise in wenigen Stunden in den berühmten kurfürstlich-pfälzischen Lustgärten von Schwetzingen*. Wir brauchen für die 14 Kilometer auf dem Drahtesel eineinhalb Stunden. Gut einen Kilometer nach der Brücke entlang der L 722 biegt unser Radweg auf der **Kurpfalz-Route** nach links ab. An den

Barocke Gold-Eva im Schwetzinger Schlossgarten

Aussiedlerhöfen **Siegelhain** vorbei geht es unter der A 61 durch und wir folgen dem grünen Radwegzeichen durch das Naturschutzgebiet. Bei km 5 kommen wir zum **Johanneshof**, einem Ausflugslokal im Grünen. Weiter Richtung Ketsch fahren wir aber nicht in die frühere Ringer- und Handballhochburg hinein, sondern bleiben am Ortsrand und orientieren uns bei der Weggabelung Richtung Schwetzingen (6,9 km). Über die **Kraich** kommen wir zur Landstraße nach Hockenheim, überqueren diese und fahren durch ein Industriegebiet in den **Oftersheimer Heuweg**. Dann führt uns der Radweg nach links am Reiterhof vorbei und rechts über die A 6 und die Eisenbahnlinie. Die beiden letzten Kilometer verläuft unser Radweg rechts der B 36, die den Schwetzinger Schlossgarten an ihrer südlichen Seite tangiert. Um zum Haupteingang zu gelangen, fahren wir bis zur Stadtmitte, dann links zum **Schloss**. Hölderlin war tief beeindruckt von der *Pracht – die außerordentlichen Schönheiten der Kunst – die ausgesuchten Gemälde, die Gebäude, die Wasserwerke u.s.w.*, die man selbst gesehen haben müsse, wenn man sich einen Begriff davon machen wolle. *Doch eins muß ich nennen*, schreibt er. *Es ist hier eine türkische Moschee (Tempel) angelegt, die mancher, der sie sieht unter den vielen Schönheiten, vielleicht vergißt, aber mir gefiel sie am besten. Das Ganze ist, was Hohenheim und die Solitude miteinander.*

Zur Weiterfahrt nach Heidelberg geht es auf der Verlängerung der Ost-West-Achse des Schlossgartens durch die Unterführung beim Bahnhof in die **Kurfürstenstraße**, die jedoch nicht mehr eine *schnurgerade Chaussee* mit zu beiden Seiten alten, eichengleichen Maulbeerbäumen ist, die den Dichter in drei Stunden nach Heidelberg brachte. Die heutige Kurpfalz-Route biegt am

Gefiel Hölderlin am besten: die Moschee

Beeindruckende „Wasserwerke" im Schlossgarten

Ende der Kurfürstenstraße nach links ab, wir überqueren die Bundesstraße B 535 und radeln am Ortsrand von Plankstadt Richtung **Eppelheim**. Via **Heidelberger Weg**, der auf der Trasse der ehemaligen kurfürstlichen *Chaussee* verläuft, erreichen wir den südlichen Ortsrand von Eppelheim. An der Eishalle vorbei überqueren wir die A 5, und bei km 27 sind wir via **Speyerer Straße** am Hbf. Heidelberg. Hölderlin zeigte sich in der *Vaterlandsstädte Ländlichschönster* vor allem beeindruckt von der damals neuen, heute *Alten Brücke* und dem Schloss mit seinem riesenhaften Fass (s. S. 96).

Die Wanderung

Glückselig Suevien, meine Mutter,
Auch du, der glänzenderen, der Schwester
Lombarda drüben gleich,
Von hundert Bächen durchflossen!
Und Bäume genug, weißblühend und rötlich,
Und dunklere, wild, tiefgrünenden Laubs voll,
Und Alpengebirg der Schweiz auch überschattet
Benachbartes dich;
denn nah dem Herde des Hauses
Wohnst du, und hörst, wie drinnen
Aus silbernen Opferschalen
Der Quell rauscht, ausgeschüttet
Von reinen Händen, wenn berührt
Von warmen Strahlen
Kristallenes Eis und umgestürzt
Vom leichtanregenden Lichte
Der schneeige Gipfel übergießt die Erde
Mit reinestem Wasser. Darum ist
Dir angeboren die Treue. Schwer verläßt,
Was nahe dem Ursprung wohnet, den Ort.
Und deine Kinder, die Städte,
Am weithindämmernden See,
An Neckars Weiden, am Rheine,
Sie alle meinen, es wäre
Sonst nirgend besser zu wohnen.
...

Tübingen

Aufruhr am Sitz der Musen
Unistadt Tübingen im 18. und 19. Jahrhundert

Die Burse wird immer noch als Seminargebäude der Uni genutzt

Als **Graf Eberhard im Bart** im Jahre 1477 die **Hohe Schule**, sprich Universität, gründete, hatte das Städtchen gerade einmal 3000 Einwohner, dessen Bürger vor allem von Handwerk, Landwirtschaft und Weinbau lebten.

Der folgende Aufschwung zu Füßen des **Schlosses Hohentübingen** führte zum Bau der Brücke über den Neckar und Ausbau der Stadt, die ihr wesentliches Altstadtgepräge in dieser Zeit erhalten hat. So ist die **Burse**, das älteste noch heute genützte Gebäude der Universität, damals als Studentenwohnheim entstanden.

Ab 1534 wurde in Württemberg durch Herzog Ulrich die Reformation eingeführt und im Zuge dessen das **Evangelische Stift** als Stipendium für evangelische Theologiestudenten gegründet. 1547 zog das Stift ins ehemalige **Augustiner-Eremitenkloster** um.

Der Dreißigjährige Krieg brachte dem Städtchen nicht nur die **Pest**, sondern auch mehrmalige Besatzung und Verheerung durch schwedische, bayrische und französische Soldateska.

Verhasst bei Hölderlin und seinen Kommilitonen: Herzog Karl Eugen, 1782

Gegen Ende des 18. Jahrhunderts wurde das nun 6000 Seelen zählende ***verschlafene Landstädtchen*** (Peter Härtling), vor allem in seinen universitären Zirkeln durch den Sturm auf die Bastille und die sogenannte **Französische Revolution** aufgerüttelt. Einige Lehrende und Professoren und noch mehr Studenten verfolgten das Geschehen in Frankreich mit unverhohlener Sympathie und wünschten den in Württemberg absolutistisch herrschenden Herzog **Karl Eugen** zum Teufel.

Der Herzog versucht immer wieder, liberalen und demokratischen Ideen in Stift und Universität den Garaus zu machen. 1781 gründet er aus Verärgerung über die Unbotmäßigkeit der Stiftsordinarien eine Konkurrenz-Uni in Stuttgart, die **Hohe Karlsschule**, und Tübingen verlor Studenten und die Stadt an Bedeutung. Doch nach dem Tode Karl Eugens wird die Stuttgarter Konkurrenzanstalt geschlossen und die Bedeutung Tübingens als Universitätsstadt wächst wieder, sodass sie im 19. Jahrhundert zu einer der führenden Universitäten im ganzen deutschsprachigen Raum werden konnte.

Sie festigte ihren Ruf als *sedes musorum*, Sitz der Musen, und als *Neckar-Athen*, hatten doch mit Hegel, Schelling und Hölderlin drei Große des deutschen Geisteslebens hier in einer Studentenbude zusammen studiert und Ludwig Uhland, Wilhelm Hauff, Eduard Mörike und andere den Ruf ***Stadt der Dichter und Denker*** weit in die deutschen Lande hinausgetragen.

Tübingen in Hölderlins Zeit um 1820

Dichterträume und Revolution – der Aldermannsbund
Studienjahre im Stift

Im Oktober 1788 zog Hölderlin mit 26 anderen *Maulbronnern* im Tübinger Stift ein, wo er seine Theologieausbildung mit einem 5-jährigen Studium abschließen sollte. Die Anstalt, eine herzogliche Stiftung und ehemals der ganze Stolz Württembergs, war nicht in bestem Zustand. Es sei ein unbegreiflicher Kontrast zwischen der freien, bisweilen ausgelassenen Denkungsart im Stift und der *höchst sklavischen Behandlung*, der man unterworfen sei, resümierte ein ehemaliger Stiftler 1785. Auch Hölderlin verbitterten die wenig rühmlichen Begleiterscheinungen des Studiums. *Sie können schließen, dass der immer wärende Verdruß, die Einschränkung, die ungesunde Luft, die schlechte Kost, meinen Körper vielleicht früher entkräftet, als in einer freiern Lage*, schrieb er an die Mutter. In seinem Gedicht Zornige Sehnsucht lässt er seinem Ärger freien Lauf:

> *Ich duld' es nimmer! ewig und ewig so*
> *Die Knabenschritte, wie ein Gekerkerter*
> *Die kurzen vorgemeßnen Schritte*
> *Täglich zu wandeln, ich duld es nimmer!...*

Tabakrauchen, Tee- und Kaffeegenuss waren ebenso verboten wie Ausreiten, Schlittenfahren, Ausbleiben über Nacht oder Tanzen. Die Kleidung, eine dunkle Kutte, war Vorschrift. Als Strafen kamen Entzug des Tischweins und Karzer in Frage. Als der Magister Hölderlin einmal im Zorn einem Grundschullehrer den Hut vom Kopf schlug, weil dieser ihn nicht gegrüßt hatte, setzte es sechs Stunden Karzer.

Ansonsten leistete er im Studium, was von ihm erwartet wurde. In der Rangfolge seiner Klasse belegte er den 8. Platz von 30 Studenten, gehörte also zu dem *guten* Drittel, auch wenn er liebend gern das ungeliebte Theologiestudium gegen Jura eingetauscht hätte. Aber die Mutter ließ in diesem Punkt nicht mit sich reden. Zu sehr war der Pfarrerstochter die Vorstellung ans Herz gewachsen, dass ihr Ältester den Beruf ihres Vaters ergreifen sollte. Zudem fürchtete sie Regressansprüche des Herzogs, hatte doch jeder Zögling schon vor Einzug in die niedere Klosterschule sich zum Pfarrerberuf verpflichten müssen, sonst drohte die Rückzahlung des Stipendiums.

Zu den wichtigsten Bezugspersonen in den ersten beiden Tübinger Jahren wurden für Hölderlin der drei Jahre ältere **Rudolf Friedrich Heinrich Magenau**, den er von Maulbronn her kannte, und der aus Stuttgart stammende

Glühender Demokrat und Republikaner und für Hölderlin ein Vorbild: C. F. D. Schubart

Christian Ludwig Neuffer, der zwei Jahre vor ihm ins Stift eingezogen war. Die drei literarisch ambitionierten Freunde waren Anhänger Klopstocks und gründeten im Frühjahr 1790 den **Aldermannsbund** nach dem Vorbild der Klopstock'schen ***Gelehrtenrepublik***. Sie veranstalteten regelmäßige Dichterabende mit festgelegtem Ritus inklusive Weingenuss und Dichtervortrag. Das *Lied der Freundschaft* war der erste Eintrag Hölderlins ins gemeinsame *Bundesbuch*.

Der Ausbruch der **Französischen Revolution** im Juli 1789 hatte auch Hölderlin elektrisiert. Wie viele seiner Mitstudenten und Teile des Lehrkörpers der Universität war er vom Virus der Revolution erfasst worden. Man träumte von demokratischen Zuständen in einer Donaurepublik oder **Schwäbischen Republik**. *Die Erde rauche von Tyrannenblut* sei die Losung aller, schrieb ein Kommilitone Hölderlins. Mit der Kokarde der **Trikolore** an Hut oder Revers reisten sie in die *Vakanz* und grüßten sich mit *Vive la libertè* und *Vive la nation*.

Über Neuffer machte Hölderlin auch die Bekanntschaft des Freiheitsdichters **Christian Friedrich Daniel Schubart** (1739–1793) und des *Oberpriesters der schwäbischen Musen* **Gotthold Friedrich Stäudlin** (1758–1796), beide glühende Anhänger der Französischen Revolution. Stäudlin veröffentlichte erstmals vier der *Tübinger Hymnen* Hölderlins in seinem *Musenalmanach für das Jahr 1792*, darunter auch die *Hymne an die Freiheit*.

Im Sommer 1790 macht der junge Dichterstudent die Bekanntschaft von **Elise Lebred**, der 16-jährigen Tochter des Kanzlers der Universität Tübingen. Sie wird zu seiner **Lyda**, die er in *Meine Genesung* überschwänglich besingt.

Daß ich wieder Kraft gewinne,
Frei wie einst und selig bin,
Dank ich deinem Himmelssinne,
Lyda, süße Retterin!

Drei Genies in einer Studentenbude
Hölderlin, Hegel, Schelling

Der junge Schelling um 1800

Nach dem Abgang der Aldermann-Freunde Magenau und Neuffer im Sommer 1791 führte das Schicksal Hölderlin mit zwei der brillantesten Köpfe der Philosophiegeschichte zusammen, und das in einem Studierzimmer des Stifts, das sogar einen gewissen Vorzug vor den normalen Studentenbuden dort hatte: Es war beheizbar, für die Studenten ein seltener Luxus.

Friedrich Wilhelm Joseph Schelling war Hölderlin schon aus Zeiten der Nürtinger Lateinschule bekannt, wo er den fünf Jahre Jüngeren vor den Übergriffen älterer Kameraden in Schutz genommen hatte (s. S. 30). Der Stuttgarter Gymnasiast Georg Wilhelm Friedrich Hegel war gleichalt.

Nicht zuletzt die Begeisterung für die Philosophie Immanuel Kants, die Aufklärung und die Französische Revolution brachte die drei zusammen. Hegel galt als ein *derber Jakobiner*. Das gemeinsame Studium Kants führte zu einer engen Freundschaft Hegels und Hölderlins, der sich Schelling anschloss, dem zudem Hölderlins *Liebe zur Antike und zu den Griechen* imponierte.

Im sogenannten Pantheismus-Streit verband die drei Freunde die Vorstellung von der Natur als Raum, in dem

Der junge Hegel

sich das Göttliche offenbart, und sie vertraten die grundlegende Einsicht, dass alles in einer Einheit aufgehoben ist und dass nichts außerhalb dieser Einheit existiert. In allem – auch und gerade in der Natur – ist das Eine, also Gott, zu finden. **Hen kai Pan** (Eins und Alles), die pantheistische Losung, setzte Hegel auch unter den Sinnspruch Hölderlins in seinem Stammbuch: *Lust und Liebe sind die Fittiche zu großen Taten.*

Diese radikale Wendung der Transzendenz in die diesseitige Immanenz im Ansatz der Allverbundenheit ist im schöpferischen Werk Hölderlins allgegenwärtig, beginnend mit den *Tübinger Hymnen*.

Hölderlins Dichtung war schon früh der Versuch, aus der spannungsreichen Beziehung von Vergangenheit (Antike) und Gegenwart Impulse für die Überwindung der als unbefriedigend empfundenen Jetztzeit zu setzen. Sein Eintreten für die Bürgerliche, sprich Französische Revolution einerseits und die griechische Antike andererseits sind zwei wesentliche Pole seines Denkens, die er in seiner Dichtung zu einer neuen Einheit zusammenfügen wollte.

Andererseits war es mit dieser philosophischen Grundeinstellung schwer möglich, als Pfarrer zu wirken, was alle drei Freunde tunlichst vermeiden wollten. Der Weg nicht ins Vikariat, sondern in die Tätigkeit eines **Hofmeisters/Hauslehrers** war zunächst einmal vorgezeichnet.

Der Abschied von Tübingen stand unter der Losung *Reich Gottes*, was aber nicht Vertröstung auf ein jenseitiges Leben ausdrücken sollte, sondern die Umsetzung des freiheitlichen Gedankenguts in der diesseitigen, feudalistisch geprägten Welt eines tyrannischen Herzogs. Dieser Bezug auf das Diesseitige war im Übrigen dem Ansatz des **Pietismus** nicht fremd, in dem das Heil in Gestalt des Reiches Gottes durchaus diesseitige Gestalt annehmen sollte.

Hegel geht nach Studienende als Hauslehrer nach Bern, 1797 kommt er auf Vermittlung Hölderlins in gleicher Funktion nach Frankfurt am Main, wo Hölderlin Hauslehrer im Hause des Frankfurter Bankiers **Gontard** ist. 1801 schafft er es als Privatdozent nach Jena, damals die Hauptstadt des geistigen Deutschlands. Auch Schelling arbeitet zunächst als Hauslehrer in Stuttgart, wo er mehrmals Hölderlin trifft. Schon 1799 erhält der gerade 24-Jährige eine **Professur** in Jena.

Hegel und Schelling werden in der Folge zu den herausragenden Denkern der Deutschen **Philosophie**, während Hölderlin, der sich auch, aber vergebens um eine Anstellung in Jena bemüht, leer ausgeht, zumindest was eine wissenschaftliche Karriere angeht. Als die beiden ersteren im Zenit ihrer Wirksamkeit und des deutschen Geisteslebens stehen, ist Hölderlin im Tübinger Turmzimmer Gefangener seiner Krankheit. Weder Hegel noch Schelling haben den einst so geliebten Freund jemals dort aufgesucht, noch sich in irgendeiner Weise für ihn verwandt.

Die späten langen Jahre im Turm 1807–1843

Die ersten Anzeichen einer geistigen Zerrüttung hatten sich bei Hölderlin schon nach seiner Rückkehr aus Bordeaux gezeigt, als er mit hohlem wildem Blick und abgerissen im Juni 1802 in Nürtingen aufgetaucht war, und auch Studienfreund Schelling hatte 1803 nach einem Treffen diagnostiziert: *Es war ein trauriges Wiedersehen, denn ich überzeugte mich bald daß dieses zart besaitete Instrument auf immer zerstört sey* … Aber die Krankheit entwickelte sich nicht stetig fortschreitend. Gerade in den letzten Nürtinger und Homburger Jahren entstanden in produktiven Phasen bedeutende Arbeiten wie *Heimkunft*, *Brot und Wein*, *Stuttgart* oder *Der Einzige*, *Patmos* und andere, die im **Homburger Folioheft** zusammengetragen sind.

Gegen seinen erbitterten Widerstand war Hölderlin, der sich entführt wähnte, am 11. September 1806 von Homburg nach Tübingen in die neu eröffnete **Autenriethsche Klinik** gebracht worden.

Sie war eine der modernsten Krankenanstalten ihrer Zeit, gleichwohl auch in ihr Zwangsmaßnahmen und die Brechung des Willens der Patienten zu den gängigen Therapien im Umgang mit geistig Erkrankten gehörten. Nach sieben Monaten erfolgloser Behandlung wurde Hölderlin im Mai 1807 als ungeheilt, aber mit einer **nicht gemeingefährlichen Geisteskrankheit** entlassen.

Zum Glück hatte er im Klinikum den Schreiner **Ernst Zimmer** kennengelernt, der als lesender Handwerker ein begeisterter Anhänger seines *Hyperion* war.

Zimmer wohnte in unmittelbarer Nachbarschaft der Klinik und vermietete mehrere Zimmer seines frisch umgebauten Hauses, in das ein Turm der Stadtmauer einbezogen war, hauptsächlich an Studenten. Das Ehepaar Zimmer nahm den Kranken bereitwillig in Pflege gegen ein Kostgeld von anfangs 250

Der Hölderlin-Turm am Neckar. Hier lebte der Dichter 36 Jahre.

Gulden jährlich. Alle Biographen sind sich einig: Fürsorglicher und liebevoller als bei der Familie Zimmer hätte der kranke Dichter nirgendwo unterkommen können. Weder Schwester *Rike*, noch Halbbruder Karl und auch die Mutter wollte den *lieben Fritz* nicht bei sich aufnehmen. Vor allem in den ersten Jahren waren seine häufigen **Wutanfälle** und seine **nächtliche Unruhe** eine große Belastung für alle Hausbewohner, doch die Familie Zimmer begegnete dem Kranken jederzeit mit Empathie und Verständnis, ja liebevoll, wie Zeitgenossen bezeugen. Vor allem die Tochter Charlotte, ***Lotte*** genannt, kümmerte sich vor allem in den späteren Jahren aufopferungsvoll um Hölderlin. Dieser bewohnte ein Zimmer im ersten Stock des Turmanbaus, *weißgetüncht* und *ohne allen Schmuck*, wie es Zeitgenossen beschrieben, aber mit drei Fenstern, von denen man eine schöne Aussicht über den Neckar hatte.

Selbstbildnis Wilhelm Waiblingers

Nachdem man 1808 ein **Klavier** in sein Zimmer gestellt hatte, musizierte, sang und improvisierte der Dichter stundenlang, auch des Nachts, bzw. spielte auf seiner **Flöte**, wenn er nicht unruhig im Zimmer oder auf dem Gelände am Neckar auf und ab ging. Außerdem schrieb er weiterhin Gedichte. Ein studentischer Hausbewohner konstatierte: *Der arme Hölderlin ... schreibt täglich eine Menge Papiers voll.*

Das meiste der Lyrik im Turm ist verloren, oftmals waren es **Gelegenheitsgeschenke**, die er auf Bitten von Besuchern in wenigen Minuten anfertigte. Häufig waren es **Jahreszeitengedichte**. Unterschrieben hat er viele dieser Blätter mit fingierten Daten und mit Phantasienamen wie *Scardanelli* oder *Buonarotti*. Sich selbst ließ er meist mit ***Herr Hofbibliothekar*** anreden. Eine geordnete Kommunikation ließ er nicht zu und titulierte seine Besucher Distanz schaffend mit *Hochgeborn*, *Exzellenz* oder *Eure königliche Majestät*. Außer zu den Mitgliedern der Familie Zimmer fasste er zu wenigen Besuchern Zutrauen.

Eine besonders enge Beziehung hatte er ab 1822 zu dem Stiftsstudenten und Dichter **Wilhelm Waiblinger**, der den Tagesablauf des Kranken in einer 1827 erschienen Broschüre treffend beschrieb:

> *Sein Tag ist äußerst einfach. Des Morgens, besonders zur Sommerszeit, wo er überhaupt viel unruhiger und gequälter ist, erhebt er sich vor oder mit der Sonne, und verläßt sogleich das*

Haus, um im Zwinger spazieren zu gehen. Dieser Spaziergang währt hie und da vier oder fünf Stunden, so daß er müde wird. Gerne unterhält er sich damit, dass er ein Schnupftuch in die Hand nimmt, und auf die Zaunpfähle damit zuschlägt, oder das Gras ausrauft ... Dabey spricht er immer mit sich selbst, fragt sich und antwortet sich, bald mit Ja, bald mit Nein ... Alsdann geht er ins Haus und schreitet dort umher. Man bringt ihm sein Essen aufs Zimmer und er speist mit starkem Appetit, liebt auch den Wein, und würde so lange trinken, als man ihm gäbe ... Der übrige Theil des Tages zerfließt in Selbstgesprächen und Auf- und Abgehen in seinem Zimmerchen.

(Wilhelm Waiblinger: „Friedrich Hölderlins Leben, Dichtung und Wahnsinn", Nachdruck 1981).

Der Umgang mit dem unkonventionellen Studenten, der ihm von Herzen zugetan ist, tut auch Hölderlin gut, und zwischenzeitlich bessert sich sein Zustand so, dass seine Umgebung auf Genesung hofft.

Oftmals nimmt ihn Waiblinger mit in sein Gartenhaus am **Österberg**, wo er laut aus seinem *Hyperion* deklamiert, genüsslich sein Pfeifchen schmaucht und in Ansätzen sogar Anteil am Lauf der Welt nimmt, z. B. dem Befreiungskrieg der Griechen.

1826 bringen Ludwig Uhland und Eduard Mörike als Herausgeber den ersten Gedichtband Hölderlins bei **Cotta** heraus. Der Dichter ist empört und wütend.

1828 stirbt die Mutter, und Hölderlin wird zum **Pflegschaftsfall** seiner Heimatstadt Nürtingen, die bis heute seine Pflegschaftsakten im Stadtmuseum bewahrt. Doch die Heimatstadt muss aus dem Stadtsäckel nichts berappen.

Brief Ernst Zimmers an den Nürtinger Amtspfleger Burk

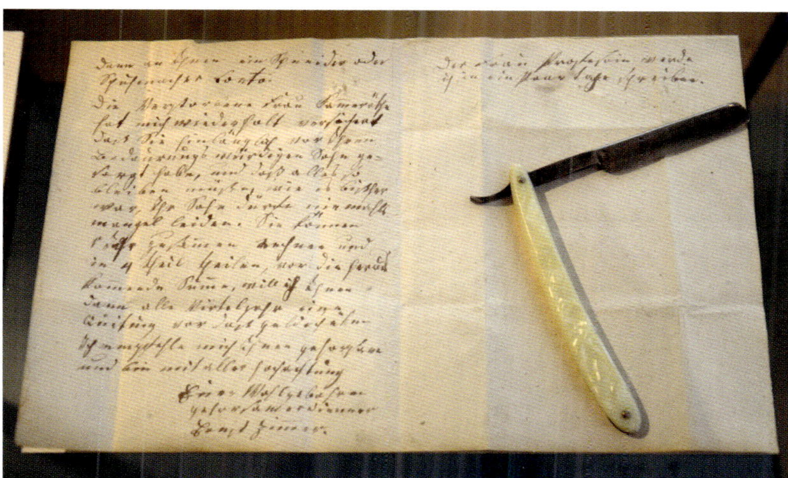

Hölderlin ist durch das schon ererbte väterliche Vermögen gut abgesichert, die nun von der Mutter ererbten mehr als 9.000 Gulden machen ihn zu einem nach damaligen Verhältnissen gut betuchten Mann. Sein Vermögen wirft jährlich rund 450 Gulden Zinsen ab, für Kost und Logis bei Zimmers werden lediglich 250 Gulden fällig, sodass sein Vermögen sogar wächst. *Für trockenen Tisch täglich 24 Kreuzer, jährlich 146 Gulden; für Hauszins 22, für Wein 24, für Kaffee des Nachmittags 8, für Schnupftabak 6, für den Barbierer 6 Gulden …* heißt es in dem Akkord, den Ernst Zimmer mit dem Amtspfleger Burk aus Nürtingen abschließt.

Das Grab des Dichters auf dem Tübinger Stadtfriedhof.

Hölderlin im Alter von 70 Jahren nach einem Relief von Wilhelm Paul Neubert

Die von dem französischen Hölderlin-Spezialisten **Pierre Bertaux** vertretene These: *Hölderlin war nicht geisteskrank* ist als Graffiti zwar immer mal wieder auf gut Schwäbisch auf Tübinger Häuserwänden zu finden: *Hölderlin isch ed färrughd gwäh*.

In der Hölderlin-Forschung konnte sich diese Meinung jedoch nicht durchsetzen und man geht heute von einer **irreversiblen Störung seines Geisteszustandes** spätestens seit Einlieferung in das Autenriethsche Klinikum aus.

Auch im hohen Alter von 73 Jahren war er jedoch körperlich in guter Verfassung, bis ihm Anfang Juni 1843 eine Erkältung einen sanften Tod bescherte. Am 10. Juni wurde er auf dem Tübinger **Stadtfriedhof** beerdigt. Den Sarg tragen bei Sturm und Regen die Studenten aus der ***Zimmerei*** auf den Friedhof, die Leichenrede hält **Christoph Schwab**, der Sohn von Gustav Schwab, der kommentierte: *Es ist mit ihm ein Dichter hinübergegangen von denen, derer die Welt nicht würdig.*

In der *Allgemeinen Zeitung* erscheint neben der Nachricht vom Tode des Dichters die letzte Strophe aus *Hyperions Schicksalslied*:

Doch uns ist gegeben,
Auf keiner Stätte zu ruhen,
Es schwinden, es fallen
Die leidenden Menschen
Blindlings von einer
Stunde zur andern,
Wie Wasser von Klippe
Zu Klippe geworfen,
Jahr lang ins Ungewisse hinab.

Stadtspaziergang in Tübingen:

Vom Zwingel zum Friedhofsparadies

Ausgangs- und Endpunkt Bahnhof Tübingen
Streckenlänge ca. 5 km, Gehzeit: 2 h 30 min
Schwierigkeitsgrad leicht, außer steiler Anstieg zur Wielandshöhe und Abstieg zur Gartenstraße

Sehenswürdigkeiten

- Hölderlinhaus
- Alte Burse
- Stiftskirche mit Turmbegehung
- Hölderlin-Denkmal im Alten Botanischen Garten
- Synagogenplatz (Quelle und Denkmal)
- Hölderlin-Grab auf dem Stadtfriedhof

Einkehren unterwegs

- Indisches Restaurant beim Synagogenplatz, Gartenstraße
- Gasthaus u. Brauerei *Der Neckarmüller*, Terrasse an der Eberhardsbrücke

Aktivitäten

- Stocherkahnfahrten, Anlegestelle beim Hölderlinturm
- Bootsverleih, Eberhardsbrücke

Wegbeschreibung

Aus dem Bahnhof kommend wenden wir uns nach rechts und gehen an der nächsten Kreuzung nach links in die **Karlstraße**. An der Kreuzung steht ein bunt bemaltes, mit politischen Parolen verziertes und die Merkmale der Hausbesetzerszene tragendes Haus: ***Kein Mensch ist illegal***.

Die Fußgängerzone führt uns am **Uhlandbad** vorbei direkt zur **Eberhardsbrücke**. Schon Hölderlin ging öfter den Zwingel entlang, den schmalen Weg hinter Neckar und der alten Stadtmauer hinüber zum Turmzimmer im **Zimmer'schen Haus**. Unterhalb ist die **Anlegestelle** der Stocherkähne, ein traditionell vor allem von Tübinger Studenten und Studentenverbindungen ausgeübtes Freizeitvergnügen, das mittlerweile auch zum Touristenvergnügen geworden ist.

Das Haus der Schreinerfamilie Zimmer und heutige **Hölderlinhaus** mit dem charakteristischen Turmanbau ist nach einem Brand 1875 rekonstruiert und nach weiteren Renovierungen jetzt annähernd wieder in einen Zustand gebracht worden, der dem zu Hölderlins Zeit nahe kommt. Im Haus befindet sich eine sehenswerte **Dauerausstellung** mit Verlängerung in den Garten und der Sitz der internationalen **Hölderlingesellschaft**.

Oberhalb des Hölderlinhauses steht der mächtige Bau der **Alten Burse**, ein Universitätsgebäude, das 1805 in das von **Johann Ferdinand von Autenrieth** geführte Klinikum umgewidmet wurde und in das Hölderlin im September 1806

Zwingel: Der Pfad zwischen Turm und Eberhardsbrücke war einer der Lieblingswege Hölderlins

Das Denkmal für die Zimmer-Tochter Lotte vor der Burse

Studentische Kunst am Bau

zwangsweise eingeliefert wurde – wegen angeblicher **Geisteszerrüttung**. Vor der Alten Burse steht seit 2011 eine **Bronzeplastik** von **Johannes Kahres** zur Erinnerung an Lotte Zimmer, die letzte Pflegerin des Dichters.

Wir gehen den **Klosterberg** weiter bergan und kommen an die Pforte des **Augustinerstifts**. Das ehemalige Augustinerkloster wurde im Zuge der Reformation zu der Ausbildungsstätte evangelischer Theologen in Württemberg. Und ist es bis heute geblieben. In der Kapelle des Stifts finden sonntags öffentliche Konzerte statt.

An der Stiftsmauer entlang gehen wir weiter bergan und wenden uns oben nach rechts. Vom **Faulen Eck**, einem alten Marktplatz, biegen wir in die **Münzgasse** ein, die ihren Namen

Das Hölderlinhaus mit Turmanbau und Jüngling-Statue im Garten steht direkt am Neckar

von dem *Tübinger Pfennig* hat, der hier geprägt wurde. Die Altstadt hat ihr mittelalterliches Gepräge weitgehend erhalten. So kommen wir zur **Stiftskirche**, deren Chor zeitweise als Aula diente. Der ursprünglich romanische Bau wurde sukzessive gotisch umgestaltet. Seit 1550 wurde der Chor zu einer Grablege der württembergischen Herzöge. Schon Goethe bewunderte bei einem Besuch 1797 die bunten Chorfenster. Der Dichterfürst war damals beim erfolgreichen Verleger **Johann Friedrich Freiherr Cotta von Cottendorf** (1764–1832) zu Besuch, der gerade Hölderlins *Hyperion* verlegt hatte. Das **Cotta'sche Haus** befindet sich direkt gegenüber dem Portal der Stiftskirche (Münzgasse 15). Der **Turm** der Stiftskirche bietet einen weiten Rundumblick über die Stadt und ihre Umgebung.

Die Anlegestelle der Stocherkähne neben dem Hölderlinhaus

Wir wenden uns zum **Holzmarkt**, wo das Fachwerkhaus der ehemaligen Buchhandlung Heckenhauer auffällt, in der **Hermann Hesse** 1895–1898 seine Buchhändlerlehre absolvierte. Heute werden in dem auch als Antiquariat und **Hesse-Gedenkstätte** genutzten Haus weniger Bücher verkauft denn Produkte des Zeitgeistes.

Das Stift widmet sich auch heute noch der Theologenausbildung

Wir setzen unsere Tour via **Lange Gasse** fort und stoßen bei der Hausnummer 2 gleich auf den Stammvater des Tübinger Buchhandels- und Verlagswesens, den Buchdrucker und Uniprofessor **Erhard Cellius** (1546–1606), der den Grundstein legte für Osiander und Cotta, und dessen Druckerei hier ihren Sitz hatte. Wir gehen die Lange Gasse hinunter bis zur **Metzgergasse**, wo wir uns nach rechts wenden. Bei der nächsten Kreuzung wenden wir uns nach links und gelangen über den **Ammerkanal** zum **Markt**

am Nonnenhaus und dem Affenfelsen. Durch eine Unterführung geht es in den Alten Botanischen Garten. Wir halten uns links und lassen den Spielplatz links liegen, überqueren die Ammer und verlassen an der Fußgängerampel den Botanischen Garten. Über die Rümelinstraße kommen wir auf das Gelände der Unikliniken. Via Liebermeisterstraße geht es etwas hoch, gleich rechts an der Pathologie vorbei stoßen wir auf die Gmelinstraße. Auf der anderen Seite ist der Haupteingang des Tübinger Stadtfriedhofes, der als eine der schönsten Begräbnisstätten in deutschen Landen gilt.

Blick von der Münzgasse zur Stiftskirche

Blick vom Turm der Stiftskirche auf Eberhardsbrücke und Neckar

Das Grab Hölderlins befindet sich an der linken hinteren Seite des Friedhofes (E,Nr. 14) und ist bei weitem nicht das einzige Prominentengrab hier. Eine Infotafel weist über 100 Geistesgrößen auf, die hier ihre letzte Ruhe fanden, zeitgenössische und moderne. Auch der Professor Autenrieth, der Hölderlin vergebens behandelte, liegt hier ebenso wie Ludwig Uhland oder Walter Jens, der erst vor ein paar Jahren verstorbene Rhetoriker. Bei den Aufsehergebäuden auf halbem Wege zu Hölderlin gibt es einen Bücherschrank mit dem Titel: *Was sie schrieben, die hier liegen*. Der *Hyperion* ist auch darunter. Und auf einer der vielen Bänke des Friedhofs kann man in aller Ruhe lesend entspannen.

Hölderlins letzte Ruhestätte, ein rechteckiger schlichter Sandstein, trägt an der Seite die Worte des Dichters … *dem heiligsten der Stürme falle*

Hölderlin-Denkmal im Alten Botanischen Garten

zusammen meine Kerkerwand und herrlicher und freier walle mein Geist ins unbekannte Land.

Vom Friedhof gehen wir die Gmelinstraße bergab bis zur **Hölderlinstraße**, wenden uns nach rechts und stoßen linker Hand bei der Silcherstraße wieder auf den Alten Botanischen Garten. Schon von weitem sehen wir das **Hölderlin-Denkmal**. Dem 1881 von Emmerich Andresen aus Marmor geschaffenen Jüngling im klassisch-griechischen Stil fehlt schon lange der rechte Arm, aber dafür ist sein Haupt gerade bekränzt von einem Fichtenzweig.

Durch die Unterführung kommen wir wieder in die Altstadt, über den **Ammerkanal** geht es links hoch zum **Lustnauer Tor**. Die **Österbergstraße** führt uns teilweise über Staffeln recht steil hoch zu einem beliebten Picknickplatz über der Stadt, von dem man allerdings nur im Winter eine freie Sicht auf die Umgebung hat. Am Hang unterhalb der Österbergstraße stand ehemals das ***Pressel'sche* Gartenhaus**, zu dem Hölderlin mit Waiblinger öfters Ausflüge unternahm.

Auf der **Wielandshöhe** entlang der **Stauffenbergstraße** gibt es eine Reihe alter Villen, die im Besitz von Burschenschaften sind. Wir biegen rechts ab in die **Schwabstraße** und nehmen nach wenigen Häusern den Fuß- und Staffelweg rechts hinunter durch Gärten und Streuobstwiesen in die **Gartenstraße**.

Hier befand sich in Hölderlins Zeit das ***Wirtshaus Lamm*** mit einer Quelle im Garten. Das war der ***kastalische Quell*** des Griechenland-besessenen Hölderlin. Freund Magenau berichtete später, dass bei einem ihrer **Aldermann-Zusammenkünfte** Hölderlin darauf bestanden hätte, sich im Brunnen des Wirtshausgartens zu

Der *kastalische Quell* Hölderlins ist im Denkmal für die jüdischen Opfer aufgegangen

reinigen, analog den Gepflogenheiten in der griechischen Mythologie, bevor man sich dem Vorlesen der Gedichte und dem Rheinwein widmete.

Das *Lamm* ist längst abgerissen, an seiner Stelle wurde 1882 die Tübinger **Synagoge** eröffnet, die 1938 in der Reichspogromnacht zerstört wurde. Nun ist hier ein **Mahnmal** für die Opfer des Holocaust, und Hölderlins *kastalischer Quell* ist eingebunden in die Installation des Denkmals, ein Stahlkubus mit 101 Löchern, die für die 101 jüdischen Bürger Tübingens stehen, die vertrieben und ermordet wurden. Der **Synagogenplatz** ist einer von 16 Standorten des **Geschichtspfades**, der Tübinger Plätze unter dem Nationalsozialismus zeigt.

Wir sind am Ende des Spaziergangs angekommen und können in der benachbarten Gaststätte mit Biergarten eine ausgiebige Rast einlegen.

Zurück geht es zum Bahnhof via Gartenstraße, an der sich auch die **Jugendherberge** befindet. Die Gartenstraße endet an der Eberhardsbrücke.

Literatur

Andreas Rumler: *Literarische Spaziergänge durch Tübingen auf den Spuren von Hölderlin bis Härtling*, Stuttgart 2013

Hermann Hesse: *Im Pressel'schen Gartenhaus* (Novelle)

Rundwanderung:

Vom Stift zur Wurmlinger Kapelle

Ausgangs- und Endpunkt	Evangelisches Stift, Klosterberg 2
Streckenverlauf	Rathaus – Schloss – Wurmlinger Kapelle – Schwärzlocher Hof – Haager Tor – Altstadt
Streckenlänge	15 km, Gehzeit: 4 h
Schwierigkeitsgrad	mittel, kurze steile Anstiege zum Schloss und zur Wurmlinger Kapelle
Kartenskizze	S. 93

Sehenswürdigkeiten

- Markt mit Rathaus
- Schloss Hohentübingen mit Museum *Alte Kulturen*
- Wurmlinger Kapelle mit Rundumblick

Einkehren	Schwärzlocher Hof (trad. Schwäbische Küche) mit großem Bier- bzw. Mostgarten

Wegbeschreibung

Hölderlin ist vor allem in seiner Studentenzeit viel gewandert, mehrmals wohl auch zur acht Kilometer entfernten **Wurmlinger Kapelle**. So auch an einem No-

Die Kapelle schwebt himmelan
(Nikolaus Lenau)

vembertag 1790, als er mit Studienfreund und Stift-Zimmergenosse Friedrich Wilhelm Georg Hegel zur Kapelle aufbrach, um dem *Getümmel* am Markttag zu entgehen.

Damals war nicht nur am **Marktplatz**, sondern auch am **Faulen Eck** oberhalb des Stifts Markt. Durch die **Wienergasse** gehen wir hinüber zum Marktplatz mit dem prächtig verzierten Renaissance-**Rathaus**, an dessen Schauseite die Portraits verdienstvoller Bürger der Stadt verewigt sind, u. a. Osiander, der Hölderlin-Verleger Cotta und auch Ludwig Uhland. In unmittelbarer Nähe des Rathauses stand früher das Hotel ***Lamm***, wo sich zu Hölderlins Zeiten die republikanisch gesinnten Studenten trafen. Wir gehen an der Südostecke des Marktes in die **Haaggasse**. Im Haus Nr. 15, dem Haus der Großeltern, verbrachte **Wilhelm Hauff** (1802–1827), der früh verstorbene Dichter der *Lichtenstein*-Sage, seine Kindheits- und Stiftsjahre. Ein paar Meter weiter, im Haus Nr. 19 B, lebte **Regina Burckhardt-Bardili** (1599–1669), die *Schwäbische Geistesmutter*, Vorfahrin von Uhland, Hölderlin, Hauff und Schelling.

Beim Haus der Geistesmutter zweigt ein kleiner Fußweg von der Haaggasse ab, der uns als **Kapitänsweg** hoch zum Plateau des Schlosses führt. Über das **Schänzle** gelangen wir auf die andere Seite des Schlosses, wo wir durch düstere Tunnel den Weg in den lichten Innenhof von **Hohentübingen**, den Turnierhof, finden.

Der Marktplatz mit dem prächtigen Renaissance-Rathaus

Still und öde war für Hölderlin der *Väter Feste*

Mitten im Schlosshof ein überdimensionaler Augustus-Kopf

Der Stiftsstudent Hölderlin dichtete um 1790:

Still und öde steht der Väter Feste,
Schwarz und moosbewachsen Pfort und Turm,
Durch der Felsenwände trübe Reste
Saust um Mitternacht der Wintersturm …

Die Vierflügelanlage stammt aus der Renaissance. Herzog **Ulrich von Württemberg** baute sie im 16. Jahrhundert zur Landesfeste aus. Nach dem Abzug des Militärs und der Verlegung der Residenz nach Ludwigsburg um 1710 eroberte die Universität das Anwesen. Im Ostturm war die frühere **Sternwarte** untergebracht, und hier war auch der Zentralpunkt der württembergischen Landesvermessung festgelegt, Ausgangspunkt und Grundlage der Grundstücksvermessung im Königreich Württemberg.

Das **Museum *Alte Kulturen*** bietet heute einen Rundgang durch die Kulturgeschichte der Menschheit bis in die Antike inklusive Eiszeitkunst.

Blick vom Schloss auf die Altstadt

Blick ins Ammertal

Vom Innenhof gehen wir durch die Tunnel zurück zum Schänzle und dort weiter die **Schlossbergstraße** hoch. Villen und burschenschaftliche Anwesen sind hier neben modernen Wohnhäusern ebenso zu finden wie schöne Gartengrundstücke mit alten Häuschen. Am Ende der Schlossbergstraße gehen wir links weiter in den **Lichtenbergweg** und folgen dort auf einem abzweigenden Waldweg weiter den diversen Wandermarkierungen (Wanderweg Baden-Württemberg, Ludwig-Uhland-Weg, Jakobus-Muschel), die uns alle durch den Wald des **Spitzberg** Richtung Westen führen. Am Hangweg oberhalb des Neckartales stoßen wir auf Tafeln mit den Gedichten Ludwig Uhlands, wie z. B. *Schäfers Sonntagslied*.

Bei der Abzweigung zum **Schwärzlocher Hof** (die wir nicht nehmen) haben wir die Hälfte der Strecke hinter uns und es sind noch vier Kilometer zur Kapelle. Ohne großes Auf und Ab geht es rund eine Stunde auf dem **Uhlandpfad** durch den Buchenmischwald. Am Ende des **Eichentalwegs** gehen wir rechts und nach 100 Metern links. Wir kommen an den Waldrand, sehen links unten

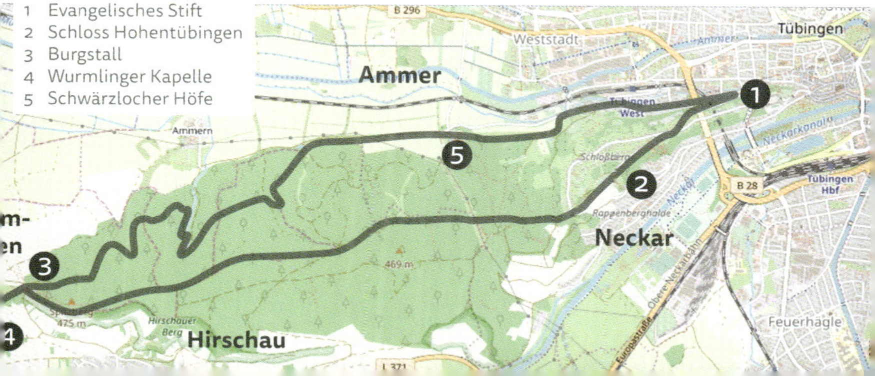

Blick zur Schwäbischen Alb

Hirschau und ein Stück weiter die Wurmlinger **Kapelle** auf der gegenüberliegenden Anhöhe thronen.

Bei km 7,5 sind wir am **Hirschauer Sattel** angelangt, von wo es nur noch wenige 100 Meter zum Teil über Staffeln steil hoch zur Kapelle geht (475 m ü. N. N.). Der Ausblick nach allen Himmelsrichtungen ist grandios. Einerseits über das **Neckartal** bis zur ***blauen Wand*** der Schwäbischen Alb, deren Berge wie auf einer Perlenkette aufgereiht vor uns erscheinen. Andererseits der Blick übers **Ammertal** bis hin zum Schönbuch. Einziger Nachteil: hier oben gibt es keine Bewirtung. Im Sommer ist das Kirchlein sonntags geöffnet. Die **St. Remigius-Kapelle** datiert erstmals aus dem 11. Jahrhundert. Nach einem gotischen Folgebau, der abgebrannt ist, wurde 1685 die jetzige Kapelle eingeweiht. Drum herum befindet sich der Wurmlinger **Friedhof**.

Die Wurmlinger Kapelle wurde 1685 errichtet

Vom Parkplatz am Sattel nehmen wir als Rückweg eine einfachere Variante, nämlich den **Waldweg** mit der Markierung **12 AVU**, der uns längs des **Ammertales** in sanften Windungen leicht bergab durch den Wald begleitet. Wir folgen ihm geradeaus und kommen nach ca. vier Kilometern an den Waldrand (km 12). Unterhalb des Waldrandes gibt es einen provisorischen Fahrweg mit Betonplatten, dem wir nach rechts folgen. Nach einem halben Kilometer taucht rechter Hand der **Schwärzlocher Hof** auf, ein Hofgut mit einer Kapelle aus dem frühen 12. Jahrhundert. Im Zuge der Reformation wurde die Kapelle zum Wohnhaus umgebaut und ab 1829 auch als Gaststätte benutzt. Heute ist der Hof eines der beliebtesten Ausflugsziele der Region mit traditionellen schwäbischen ländlichen Spezialitäten (geräuchte Bauernbratwurst, Sauerkraut, Most) und einer großen baumbestandenen Außenterrasse.

Auf dem Fahrweg *Schwärzloch Täle* sowie ab Stadtrand von Tübingen via **Schwärzlocher Straße** kommen wir in einer halben Stunde geradewegs zum **Haagtor** und zurück zur Altstadt (km 15).

Die Liebe

Wenn ihr Freunde vergeßt, wenn ihr die Eltern all,
O ihr Dankbaren, sie, euere Dichter schmäht,
Gott vergeb' es, doch ehret
Nur die Seele der Liebenden.

Denn o saget, wo lebt menschliches Leben sonst,
Da die knechtische jetzt alles, die Sorge, zwingt?
Darum wandelt der Gott auch
Sorglos über dem Haupt uns längst.

Doch, wie immer das Jahr kalt und gesanglos ist
Zur beschiedenen Zeit, aber aus weißem Feld
Grüne Halme doch sprossen,
Oft ein einsamer Vogel singt,

Wenn sich mählich der Wald dehnet, der Strom sich regt,
Schon die mildere Luft leise von Mittag weht
Zur erlesenen Stunde,
So ein Zeichen der schönern Zeit,

Die wir glauben, erwächst einziggenügsam noch,
Einzig edel und fromm über dem ehernen,
Wilden Boden die Liebe,
Gottes Tochter, von ihm allein.

...

„Lange lieb ich dich schon ..."
Hölderlin in Heidelberg am Wendepunkt

Als Hölderlin Anfang Juni 1788 zum ersten Mal für einen kurzen Besuch in Heidelberg eintraf, war die Blütezeit der ehemaligen kurpfälzischen Residenzstadt bereits vorbei, hatte Kurfürst **Karl III. Philipp** die Residenz doch bereits 1720 nach Mannheim verlegt. Schloss und Stadt waren 1693 im Pfälzischen Erbfolgekrieg von den Truppen des Sonnenkönigs Ludwig XIV. unter General Mélac niedergebrannt worden.

Unter Kurfürst **Karl Theodor** (1743–1799) sollte das Schloss saniert und wieder aufgebaut und auch eine neue **Steinbrücke** über den Neckar gebaut werden. Das erste Vorhaben wurde nach einem verheerenden Blitzschlag 1764 aufgegeben, das zweite gelang und der 18-jährige Hölderlin konnte im Juni 1788 die gerade fertig gewordene Brücke bewundern. Im Reisebereicht an die Mutter schrieb er: *Ungefähr am Mittag kamen wir in Heidelberg an. Die*

Die *neue Brüke* findet Hölderlin *merkwürdig*

Stadt gefiel mir außerordentlich wohl. Die Lage ist so schön, als man sich je eine denken kann. Auf beiden Seiten und am Rüken der Stadt steigen waldichte Berge empor, und auf diesen steht das alte, ehrwürdige Schloß. Ich stieg auch hinauf und machte eine Wallfahrt zu dem berühmten Heidelberger Faß, dem Symbol so manches Zechers, dem Bonmot so manches Trinklieds. Es ist wirklich so groß, daß man oben ganz bequem herumtanzen kann. Es sind Schranken auf ihm, daß man ohne Gefahr darauf gehen kann. Aber das kann ich versichern, daß ein Fall von seiner Höhe mir ebenso unangenehm wäre als aus meinem Klosterfenster. Merkwürdig ist auch die neue Brüke daselbst.

Diese Kurzbeschreibung kann auch heute noch so geschrieben werden. Bei seinem Besuch ist Hölderlin in Begleitung seiner Cousine **Rike** aus Markgröningen und ihres Bräutigams **Johann Friedrich Blum**, der aus dem nahen Speyer stammt und den Maulbronn-Zögling zu einer Reise in seine Heimatregion eingeladen hatte.

Zu einem zweiten Aufenthalt in Heidelberg kommt es sieben Jahre später, als Hölderlin plötzlich und unerwartet Jena verlässt, wo er sich noch Wochen vorher Hoffnungen gemacht hatte, sich im Umfeld eines Fichte, Schiller und Goethe etablieren zu können. Auf dem Heimweg nach Nürtingen trifft er den Arzt und Naturforscher **Johann Gottfried Ebel** aus Frankfurt a. M. Dieser ist ein Bekannter seines Freundes **Isaac von Sinclair**, und die beiden sind sich auf Anhieb sympathisch. Diese Begegnung in Heidelberg ist insofern schicksalshaft, als Ebel derjenige ist, der Hölderlin wenig später die Hauslehrerstelle im Hause **Gontard** vermittelt, die für den weiteren Lebensweg des Dichters zu einem dramatischen Wendepunkt werden wird.

Er fühlt sich auch bei seinem zweiten Besuch in der Stadt sehr wohl, was er 1798 auch und gerade in seiner Ode *Heidelberg* zum Ausdruck bringen wird, für **Eduard Mörike** *das schönste Hölderlinische Gedicht*. Die Ode markiert nicht zuletzt auch einen Wendepunkt im dichterischen Schaffen, indem Hölderlin hier sich endgültig vom großen Vorbild Schiller löst und einen eigenen unverwechselbaren Ton anschlägt.

Im gleichen Maße, wie die politische Bedeutung der **Kurpfalz** durch ihre Auflösung 1803 im Zuge des Reichsdeputationshauptschluss schwand, stieg die Bedeutung der ehemaligen Residenzstadt Heidelberg im kulturellen Sinne.

Ab 1804 etablierte sich in dem Zirkel um den Dichter **Ludwig Achim von Arnim** und den Schriftsteller **Clemens Brentano** eine Tendenz, die als **Heidelberger Romantik** weltberühmt werden sollte. Das Heidelberger Schloss wurde zu Symbol und Sehnsuchtsort der Romantiker aller Länder.

Die Heidelberger Universität wurde zudem unter dem badischen Großherzog **Karl Friedrich** wieder zu einer renommierten Bildungsinstitution, in der unter anderem auch der Philosoph und Hölderlin-Freund **G. W. F. Hegel** lehren sollte.

Wanderung: Auf dem Philosophenweg zum Hölderlin-Denkmal

In der Beletage von Natur und Geist

Wegbeschreibung

Wir beginnen und beenden unsere Wanderung am **Bismarckplatz** (vom Hbf. Heidelberg gut mit Bus und Straßenbahn zu erreichen). Zunächst wenden wir uns nordwärts und erreichen über die **Theodor-Heuss-Brücke** das andere Neckarufer. Hinter der Brücke überqueren wir die Neuenheimer Landstraße und kommen in die Bergstraße, der wir bis zur nächsten Kreuzung folgen, wo der **Philosophenweg** seinen Anfang nimmt.

In seinem unteren Teil sind teilweise schöne Villen und Uni-Institute aus der Zeit des Jugendstils zu sehen. Die erste Anlage mit einem Blick über die Stadt und das Neckartal haben wir beim **Philosophengärtchen** – vor allem im Frühling fällt die Bepflanzung mit Exoten wie japanischem Kirschbaum, Tulpenbäumen und Zedern sofort in den Blick. Am Südhang des Heiligenberges ist die Durchschnittstemperatur nämlich rund 1,5 Grad höher als im Stadtgebiet.
Im Zentrum des Gärtchens steht der neuere Gedenkstein für **Joseph von Eichendorff**, den Dichter des *Taugenichts*, der 1808/09 in Heidelberg studierte. In der eigentlichen **Eichendorff-Anlage** direkt am Hang oberhalb des Philosophengärtchens steht noch ein zweiter Gedenkstein für den beliebten Poeten. Hier zweigt der Bismarcksäulenweg nach links hoch zum Heiligenberg ab. Wir folgen weiter dem Philosophenweg, in dessen windgeschützter Südhanglage eine fast mediterrane Flora gedeiht. Kundigen und aufmerksamen

Weiter Blick vom Philosophenweg in die Rheinebene

Der Merianblick damals und heute

Spaziergängern entgehen weder Jasmin noch die Dreiblattzitrone, Ölweiden und Korkeichen. Schon in römischer Zeit wuchsen hier neben Reben und Mandelbäumen auch Granatäpfel und Feigen.

Nur wenig oberhalb des Philosophengärtchens stoßen wir auf den **Liselottenstein** und die gleichnamige Schutzhütte, 1908 zu Ehren der unglücklichen Kurpfälzer Prinzessin errichtet, die bis heute eine der beliebtesten historischen Gestalten der Kurpfalz ist. Dass nach dem Tode von Vater und Bruder ausgerechnet ihr Schwager, der **Sonnenkönig Ludwig XIV.** im Erbfolgestreit ihr geliebtes Heidelberg niederbrennen ließ, hat Liselotte bis zu ihrem Tode 1722 nicht verwunden.

Unsere nächste Station ist der **Merianblick**, benannt nach dem berühmten Schöpfer von Panorama-Bildern, Matthäus Merian. Die Schautafel am Wegesrand zeigt eine Reproduktion seines Kupferstichs Heidelberg von 1620. Der Vergleich zeigt die Veränderungen im Stadtbild nach den schlimmen Verheerungen des Pfälzischen Erbfolgekrieges. Die Stelle bietet nach wie vor das berühmteste Postkartenmotiv mit Heiliggeistkirche, Alter Brücke, Neckar und Schloss.

Unseren höchsten Punkt und eine willkommene Rastmöglichkeit erreichen wir wenige hundert Meter weiter mit der **Hölderlin-Anlage** und ihren schattigen Sitzgruppen neben der ehemaligen **Engelskirche** der aufgegebenen Siedlung **Dagersbach**. Auf dem **Gedenkstein** ist die erste Strophe seiner Ode *Heidelberg* verewigt.

Heidelberg

Lange lieb' ich dich schon, möchte dich, mir zur Lust,
Mutter nennen, und dir schenken ein kunstlos Lied,
Du, der Vaterlandsstädte
Ländlichschönste, so viel ich sah.

Wie der Vogel des Walds über die Gipfel fliegt,
Schwingt sich über den Strom, wo er vorbei dir glänzt,
Leicht und kräftig die Brücke,
Die von Wagen und Menschen tönt.

Wie von Göttern gesandt, fesselt' ein Zauber einst
Auf die Brücke mich an, da ich vorüber ging,
Und herein in die Berge
Mir die reizende Ferne schien,

Und der Jüngling, der Strom, fort in die Ebne zog,
Traurigfroh, wie das Herz, wenn es, sich selbst zu schön,
Liebend unterzugehen,
In die Fluten der Zeit sich wirft.

Quellen hattest du ihm, hattest dem Flüchtigen
Kühle Schatten geschenkt, und die Gestade sahn
All' ihm nach, und es bebte
Aus den Wellen ihr lieblich Bild.

Aber schwer in das Tal hing die gigantische,
Schicksalskundige Burg nieder bis auf den Grund,
Von den Wettern zerrissen;
Doch die ewige Sonne goß

Ihr verjüngendes Licht über das alternde
Riesenbild, und umher grünte lebendiger
Efeu; freundliche Wälder
Rauschten über die Burg herab.

Sträuche blühten herab, bis wo im heitern Tal,
An den Hügel gelehnt, oder dem Ufer hold,
Deine fröhlichen Gassen
Unter duftenden Gärten ruhn.

Wir wenden uns jetzt wieder talwärts und gehen ein Stück den Philosophenweg zurück, bis wir über den **Schlangenweg** und seine 185 Stufen hinunter zur **Alten Brücke** kommen. Diese erste steinerne Brücke, nach ihrem Erbauer offiziell **Carl-Theodor-Brücke** benannt, war bis ins 19. Jahrhundert die einzige Verbindung über den Neckar. Beim ersten Heidelberg-Besuch Hölderlins 1788 war *die Brücke, die von Menschen und Wagen tönt*, gerade fertig geworden.

Auf der Stadtseite kommen wir durch das **Brückentor** und die angebauten Rundtürme, ehemals Teile der Stadtmauer, in die **Altstadt**, die im Wesentlichen auch heute noch das Gesicht zeigt, das sie zu Lebzeiten Hölderlins hatte. Nach der Stadtzerstörung 1693 wurde das ehemals mittelalterliche Ensemble im barocken Stil wiederaufgebaut

Durch die **Steingasse** geht es hoch zum **Fischmarkt** und zur **Heiliggeistkirche** am Marktplatz. Hier an der Hauptstraße 178 steht mit dem **Haus zum Ritter** ein wunderbarer Renaissancebau von 1592, das einzige Bürgerhaus, das den großen Stadtbrand überstanden hat.

Hier können wir uns nach links wenden und via **Kornmarkt** den Weg zum **Schloss** nehmen oder Richtung Westen auf der Hauptstraße zum Bismarckplatz zurückgehen. Dabei passieren wir mit dem **Karzer**, dem **Palais Morass**, in dem das **Kurpfälzische Museum** untergebracht ist, sowie dem Friedrichsbau und dem **Haus zum Riesen** noch weitere sehenswerte Gebäude aus der barocken Wiederaufbauphase der Stadt.

Hölderlinanlage am Philosophenweg

Einkehren unterwegs

- Goldener Reichsapfel (traditionsreiches Studentenlokal, Biergarten), Untere Straße 35
- Restaurant & Cafe beim Kurpfälzischen Museum (mit Gartenbewirtung), Hauptstraße 97
- Roter Ochsen (historisches Studentenlokal), Hauptstraße 217
- Kulturbrauerei Heidelberg, Leyergasse 6
- Café Schafheutle, Hauptstraße 94

Der Gott der Jugend

Gehn dir im Dämmerlichte,
Wenn in der Sommernacht
Für selige Gesichte
Dein liebend Auge wacht,
Noch oft der Freunde Manen
Und, wie der Sterne Chor,
Die Geister der Titanen
Des Altertums empor,

Wird da, wo sich im Schönen
Das Göttliche verhüllt,
Noch oft das tiefe Sehnen
Der Liebe dir gestillt,
Belohnt des Herzens Mühen
Der Ruhe Vorgefühl,
Und tönt von Melodien
Der Seele Saitenspiel;

So such im stillsten Tale
Den blütenreichsten Hain,
Und gieß aus goldner Schale
Den frohen Opferwein!
Noch lächelt unveraltet
Des Herzens Frühling dir,
Der Gott der Jugend waltet
Noch über dir und mir.
...

Frankfurt a. M.

Schon damals regierte das Geld
Frankfurt am Ende des 18. Jahrhunderts

Frankfurt war schon seit dem Mittelalter eine Stadt des europaweiten **Fernhandels** und der ebenso weit agierenden **Banken**. Die Ausdehnung der eigentlichen Stadt war demgegenüber nach heutigen Maßstäben äußerst bescheiden: Frankfurt erstreckte sich über nicht mehr als 128 Hektar, in 3000 Gebäuden lebten rund 20 000 Einwohner. Mauern und Festungswerke umgaben bis 1805 die Stadt, vor deren Toren acht städtische **Dörfer** lagen. Die Tore und Wachtürme (Galluswarte, Sachsenhäuser Warte etc.) waren mit städtischen Wächtern besetzt. In den Gärten und Feldern vor der Stadt lagen auch die Sommersitze der reichen Familien, so auch die Sommervilla der Gontards, Hölderlins Arbeitgeber, denen der **Adlerflychthof** nördlich des Eschenheimer Tors gehörte. Hier sollte sich das letzte, tragische Kapitel seiner bewegten Frankfurter Zeit abspielen.

Die Stadthäuser der wohlhabenden Bürger, der Patrizier, Kaufleute und Bankiers waren meist am und um den **Großen Hirschgraben** in der Altstadt gelegen, so auch der **Weiße Hirsch**, das Stadtpalais der Familie Gontard, das heute nicht mehr existiert. Unweit des Weißen Hirschen stand auch das **Geburtshaus Goethes**. Die Patrizier- und Kaufmannspalais am Hirschgraben fielen letztlich den Bomben des Zweiten Weltkriegs zum Opfer.

Frankfurt war um 1800 **Reichsstadt**, und das Sagen in der Stadt hatten die **Lutheraner**, vor allem der alteingesessene Grund besitzende **Adel**, der den Rat der Stadt beherrschte. Im Bürgerausschuss dagegen hatten die wohlhabenden Kaufleute, so sie denn Lutheraner waren, dominierenden Einfluss. Katholiken und Reformierte hatten nichts zu melden, obwohl gerade im Bankwesen und Fernhandel aus Frankreich und Italien zugezogene Reformierte und Katholiken es zu großem Reichtum gebracht hatten. Politisch hatten sie keinen Einfluss auf die Geschicke der Stadt. Auch die Familie Gontard, die vor einer Generation aus Grenoble zugezogen war, gehörte dem reformierten Bekenntnis an, d.h. sie waren keine Vollbürger, sondern ***Beisassen***, ohne das Recht politische Ämter zu bekleiden.

Hölderlin kam im Dezember 1795 in einer politisch sehr unruhigen Zeit in die Stadt. Schon 1792 war die Stadt von Franzosen besetzt und zur Zahlung von einer Million Gulden Kontribution gezwungen worden. 1796 beschoss der französische **General Kleber** (s. *Place Kleber* in Strasbourg) die Stadt und verlangte sechs Millionen, nicht ohne eine Reihe von Honoratioren als Geiseln nach Paris zu verschleppen, um seiner Forderung Nachdruck zu verleihen. Das war das Jahr, in dem Hölderlin mit **Suzette Gontard** und den Kindern vor den anrückenden französischen Truppen auf Geheiß des Familienoberhaupts ins westfälische **Bad Driburg** floh. Auch 1797 bedrohten die Truppen General **Jourdains** die Stadt, 1800/01 besetzten sie Frankfurt erneut, ebenso wie 1806.

Auch die christlichen Beisassen wie Jakob Gontard wurden zur Begleichung der Kontributionen mit herangezogen. Hölderlins Frankfurter Zeit war nicht nur eine Periode der inneren Stürme und Umbrüche, sondern auch äußerer Unsicherheiten und Risiken – für alle Beteiligten.

Literatur

Christoph Perels: Die Frankfurter Gesellschaft um 1800, *Hölderlin-Jahrbuch* Nr. 31, 1998–1999

Beschießung Frankfurts durch die Franzosen im Juli 1796

Portrait: Suzette Gontard – Diotima

Büste Suzette Gontards von Landolin Ohnmacht

Suzette (sie schrieb sich selbst immer mit z) stammte aus großbürgerlichem begütertem Hause. 1769 als Tochter des Hamburger Kaufmanns und Kommerzienrates **Hinrich Borkenstein** (1705–1777) und seiner sehr viel jüngeren, einer Frankfurter Hugenottenfamilie entstammenden Ehefrau **Susanne geb. Bruguier** (1741–1793) geboren, bekam noch zwei Schwestern und einen Bruder, verlor aber den Vater bereits mit acht Jahren.

Ungeachtet dessen lebte die Familie auch nach dem Tode des Vaters in gesicherten **großbürgerlichen Verhältnissen**. Die Borkensteins besaßen ein repräsentatives Stadthaus am Jungfernstieg und ein Sommerhaus in Ottensen. Mutter Susanne war eine überaus gebildete Frau, die unter anderen mit Friedrich Gottlieb Klopstock befreundet und mit der Frankfurter Hugenottenfamilie Gontard verwandt war.

Als der fünf Jahre ältere Vetter 2. Grades **Jacob Friedrich Gontard** (1764–1843), Kaufmann und Bankier, auf einer Geschäftsreise nach London in Hamburg Station macht, wird die **Heirat** mit der 17-jährigen Suzette vereinbart. Suzette zieht 1786 zu ihrem Ehemann nach Frankfurt, die Mutter folgt und bleibt bis zu ihrem Tode 1793 bei der Tochter.

Die Gontards, aus Grenoble stammend, besitzen seit 1740 das **Bürgerrecht** in Frankfurt a. M. und sind erfolgreich im **Baumwoll-, Seidehandel** und zudem im **Bankengeschäft** aktiv. Man wohnt großbürgerlich-repräsentativ im schlossähnlichen **Weißen Hirsch**.

Jacob Gontard, genannt **Cobus**, der im Kindesalter ein Auge infolge eines Unfalls verloren hatte, wird als ein sehr geschäftstüchtiger Kaufmann beschrieben, dessen Wahlspruch lautete: *Les affaires avant tous* (*Vor allem anderen kommt das Geschäft*). Die Sorge um die Geschäfte und die daraus resultierenden gesellschaftlichen Verpflichtungen prägten seinen Alltag, für kulturelle, geistige, literarische oder musische Interessen war wenig Zeit. In vieler Hinsicht war er damit das gerade Gegenteil seiner Frau Suzette. Sie war eine überaus **schöne Frau**, dazu umfassend gebildet und literarisch und musisch höchst interessiert. Im Kreise ihrer Familie spielte sie gern Klavier und verfolgte das Geistesleben mit regem Interesse.

Ihr oblag die Führung des großbürgerlichen Haushalts mit einigen Bediensteten – und vor allem die Erziehung der **vier Kinder**. Der älteste Sohn **Henry**, der Zögling Hölderlins, war 1787 geboren. Er hatte drei kleinere Schwestern, die von der Gesellschafterin Marie Rätzer betreut wurden.

Relief Suzette Gontard

Die zu einem großbürgerlichen Hause gehörigen Gesellschaften und Empfänge sind für Suzette eine eher lästige Pflicht, gleichwohl macht sie auch auf diesem Parkett dank ihrer Sanftmut, ihrer Güte und ihres Charmes eine *bella figura*.

Nach dem Tode der Mutter 1793 fehlte Suzette eine enge Bezugsperson. Marie Rätzer, die Schweizer Erzieherin der Töchter, gilt zwar als Freundin und hat ähnliche geistige und musische Interessen, kann die Mutter als Engvertraute jedoch nicht ersetzen.

Als Ende Dezember 1795 Hölderlin in Frankfurt bei der Familie Gontard eintrifft, sind sowohl Suzette als auch Marie Rätzer begeistert. Der Hauslehrer ist der Verfasser des *Hyperion*-Fragments, das 1792 in Schillers *Thalia* erschienen ist und das sie beide kennen und schätzen. Darüber hinaus spielt er sehr gut Flöte und komplettiert damit das Hausmusik-Ensemble im Hause Gontard. Beide Frauen sind von dem auch äußerlich sehr ansprechenden Mann angetan, doch der hat nur Augen für Suzette. Und wie sich schon nach kurzer Zeit herausstellen wird: Seine schwärmerische Liebe wird erwidert. Suzette findet in Hölderlin einen Vertrauten, der ihr offensichtlich das Gefühl ihrer Einsamkeit nach dem Tod der Mutter nehmen kann, der ihren Geist und ihre Gefühlswelt beflügelt.

Im Mai 1796 zieht die Familie samt Erziehern und Dienerschaft ins Sommerhaus an der Pfingstweid außerhalb Frankfurts. Hier, in der Ruhe der ländlichen Umgebung, bleibt neben der Hauslehrertätigkeit viel Zeit für lange Spaziergänge mit Suzette, die sich am liebsten in der freien Natur aufhält. Gemeinsam lesen sie Gedichte und beschäftigen sich mit Literatur und Musik.

> *Lieber Freund,* schreibt Hölderlin an seinen Freund C. L. Neuffer, *es gibt ein Wesen auf der Welt, woran mein Geist Jahrtausende verweilen kann und wird … Lieblichkeit und Hohheit, und Ruh und Leben und Geist und Gemüt und Gestalt ist Ein seliges Eins in diesem Wesen. Du kannst mir glauben, auf mein Wort, dass selten so etwas geahndet, und schwerlich wieder gefunden wird in dieser Welt …*

Nun entstehen auch die *Diotima*-Gedichte, in denen Hölderlin seine Gefühle zu Suzette in Worte gefasst äußern kann, was ihm im realen Leben ja nicht möglich ist, zumindest nicht gegenüber der Öffentlichkeit. Diotima ist bei Sokrates die Priesterin, die ihn in der Sache der Liebe unterrichtet.

Diotima

Lange tot und tiefverschlossen,
Grüßt mein Herz die schöne Welt;
Seine Zweige blühn und sprossen,
Neu von Lebenskraft geschwellt;
O! ich kehre noch ins Leben,
Wie heraus in Luft und Licht
Meiner Blumen selig Streben
Aus der dürren Hülse bricht.

Wie so anders ists geworden!
Alles, was ich haßt und mied,
Stimmt in freundlichen Akkorden
Nun in meines Lebens Lied,
Und mit jedem Stundenschlage
Werd' ich wunderbar gemahnt
An der Kindheit goldne Tage,
Seit ich dieses Eine fand.
...

(zit. nach www.textlog.de/Hölderlins Gedichte)

Im Juli 1796, als die Franzosen Frankfurt bedrohen und beschießen, schickt Cobus Gontard seine Familie samt Hauslehrer und Erzieherin aus der Stadt. Die Reisegesellschaft macht zunächst in Kassel Station, dann geht es weiter nach **Bad Driburg**. Im Nachhinein wird Hölderlin dieser Sommer als einzigartig beschreiben: *Nur einen Sommer gönnt, ihr Gewaltigen! ... Einmal Lebt ich, wie Götter und mehr bedarf es nicht* (*An die Parzen*, s. S. 157).

Mit der Rückkehr nach Frankfurt beginnt wieder der Alltag und das Versteckspiel der Liebenden. Das ist vor allem für Hölderlin belastend. Langsam entwickelt sich eine Spannung, die die Beziehung zunehmend in Mitleidenschaft zieht. Die heimliche Liebe darf nur in der Diotima-Dichtung offenbar werden, denn Suzette würde, obwohl sie liebt, niemals ihre Kinder im Stich lassen.

Die Spatzen in Frankfurt pfiffen es bereits von den Dächern, und auch die Liebenden ahnten bereits, was eines Tages kommen würde, ja kommen musste. Jacob Gontard hatte lange Zeit die Gerüchte ignoriert, aber an jenem verhängnisvollen Abend im **September 1798** war es wohl sein verletzter Stolz als Ehemann, der ihn dazu brachte, den heimlichen Geliebten seiner Frau laut und grob zur Rede zu stellen und sie gleichermaßen respektlos abzukanzeln, indem er Suzette auf Französisch hinwarf: *Finden Sie nicht, meine Liebe, dass Sie seit einiger Zeit ein wenig zu vertraut mit den Bedienten sind?* (zit. nach Bertaux, S. 524)

Hölderlin ist außer sich, packt seine Sachen. Hals über Kopf verlässt er ohne Abschied das Haus. Das Lebensschicksal Hölderlins und auch Suzettes nimmt damit eine verhängnisvolle Wende. Cobus verbietet auch seinen Kindern jeglichen Kontakt zu dem ehemaligen Hauslehrer. Nur noch einmal zu einem heimlichen Besuch bei der Geliebten wird Hölderlin das Gontard'sche Haus betreten, ein paar Mal werden heimlich Briefe durch die Hecke des Adlerflychtschen Hofes getauscht.

Was vor allem bleibt, sind **17 Briefe** Suzettes an den Geliebten, die sie nach der Trennung bis zum Mai 1800 geschrieben hat, einzigartige Zeugnisse einer leidenschaftlichen Liebe, die letztendlich beide zerstörte.

Susette Gontard
Briefe an Friedrich Hölderlin
Frankfurt, etwa Ende September/Anfang Oktober 1798

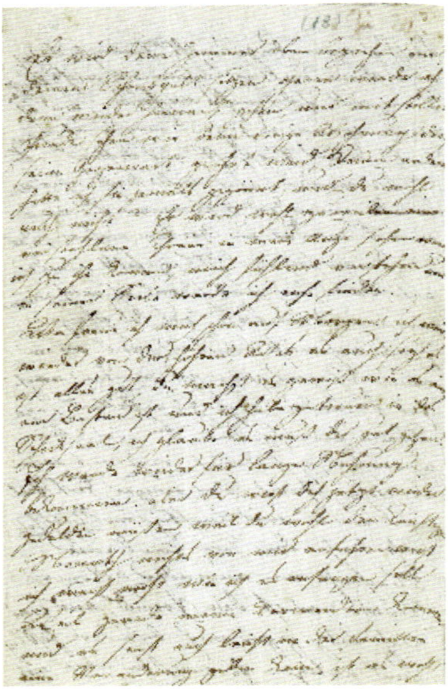

Brief Suzettes an Hölderlin 1800

Ich muß Dir schreiben Lieber! Mein Herz hält das Schweigen gegen Dich länger nicht aus, nur noch einmal laß meine Empfindungen sprechen vor Dir, dann will ich, wenn Du es besser findest, gerne, gerne, still sein.

Wie ist nun, seit Du fort bist, um und in mir alles so öde und leer, es ist als hätte mein Leben alle Bedeutung verloren, nur im Schmerz fühl ich es noch …

Wie lieb ich nun diesen Schmerz, wenn er mich verlassen und es wieder dumpf in mir wird, wie such ich ihn mit Sehnsucht wieder, nur meine Tränen über unser Schicksal können mich noch freun … Sie fließen auch reichlich, wenn ich Abends, schon um neun Uhr, den Tag zu verkürzen, mit den Kindern zur Ruhe mich lege, wenn alles still ist und niemand mich sehen kann. Wie! dachte ich dann oft, soll künftig diese geliebte, reine Liebe wie Rauch verfliegen und sich auflösen, nirgends eine bleibende Spur zurücklassen?

Hölderlin kommt in dem nahen **Bad Homburg** unter, wo sein Freund **Isaac von Sinclair** wohnt. Von hier sind es nur drei Stunden Fußmarsch zum Adlerflychtschen Hof, wo die Geliebten einmal im Monat zu genau vereinbarten Uhrzeiten sich Briefe durch die Hecke des Anwesens zustecken. Anfang Mai 1800 teilt Hölderlin mit, dass er in seine Heimat zurückkehren werde, nachdem sein Schwager Professor **Breunlin**, Mann der Schwester *Rike*, überraschend gestorben war. Suzette unterstützt diese Rückkehr. *Wie wohl wird es Deinem Herzen wohl tun, wieder ein innig liebefühlendes Wesen um Dich zu haben, dem Du vertrauen kannst …* Es ist der letzte erhaltene Brief von Ihrer Hand. Sie versichert sich und ihn noch einmal ihrer Liebe und Treue … *Du kömmst, wenn Du kannst und ich erwarte Dich ohne Ängstlichkeit. Einmal kömmst Du mir gewiß.Ich werde Dich wieder sehen.! diese Gewißheit soll mir niemand nehmen …* (zit. nach Bertaux, S. 538)

Doch dazu kam es nicht mehr. Im Winter 1801/02 erkrankte Suzette an **Tuberkulose** und steckte sich im Frühjahr 1802 bei ihren Kindern mit **Röteln** an. Die Kinder überleben, doch nicht die geschwächte Mutter. Am 22. Juni 1802 stirbt sie.

Historischer Stadtspaziergang in Frankfurt

Vom Weißen Hirsch zum Adlerflychtschen Hof

Ausgangspunkt Frankfurt Hbf.
Endpunkt Bockenheimer Landstraße
Streckenlänge ca. 8 km, 2 h
Schwierigkeitsgrad leicht
Kartenskizze S. 113

Sehenswürdigkeiten

- Museum Liebieghaus, Schaumainkai 71 (Büste Suzette Gontard)
- Karmeliterkloster, Münzgasse 9 (Fresken von Jörg Ratgeb)
- Goethehaus, Großer Hirschgraben 23
- Hölderlin-Denkmal von Hans Mettel, Bockenheimer Landstraße 42 (beim Triton-Haus)

Wegbeschreibung

Wir starten am Hbf. und gehen die **Kaiserstraße** entlang, bis wir Ecke **Moselstraße** rechts abbiegen. Die Verlängerung ist die **Windmühlstraße**, die uns über den **Holbeinsteg** an das andere Mainufer bringt, wo wir uns nach rechts wenden und nach 200 Metern am **Liebieghaus** ankommen. Das Museum verfügt über eine bedeutende **Skulpturensammlung**, darunter auch die einzig erhaltene Büste von Suzette Gontard, Hölderlins *Diotima*, von Landolin Ohnmacht (s. S. 105).

Fresken aus dem 16. Jhdt. im ehemaligen Karmeliterkloster

Am Schaumainkai entlang geht es zurück, am Holbeinsteg vorbei zur Untermainbrücke. Wir halten uns rechts und gehen die Neue Mainzer Straße bis zur Alten Mainzer Gasse, wo wir rechts abbiegen und dann der Seckbächer Gasse bis zur Weißfrauenstraße folgen. Rechts liegt das ehemalige Karmeliter-Kloster, dessen Saal und Kreuzgang von großteils gut erhaltenen Fresken des Malers Jörg Ratgeb ausgeschmückt sind. Die wunderbaren Kunstwerke mit biblischen Szenen sind zu den Öffnungszeiten frei zugänglich. Hölderlin hat sie sicher gesehen, denn nur ein Steinwurf entfernt war der *Weiße Hirsch*, Hirschgraben 3, den wir via Weißfrauenstraße und Friedensstraße erreichen.

Der Weiße Hirsch um 1840 nach L. Fay

Das schlossähnliche Stadthaus der Familie Gontard, in dem Hölderlin als Hauslehrer arbeitete und wohnte, war von einem großen Garten und Park umgeben, der bis an den Rossmarkt reichte. Heute ist davon leider nichts mehr zu sehen. Der *Weiße Hirsch* wurde schon im 19. Jahrhundert abgerissen. Das Gelände wurde anschließend teilweise bebaut mit dem Hotel Frankfurter Hof. Auch der heutige Kaiserplatz sowie der Commerzbank Tower stehen auf dem Grund des ehemals Gontardschen Anwesen.

Der Frankfurter Hof steht heute anstelle des *Weißen Hirsch*, des Stadtsitzes der Gontards

Von der ehemaligen Straßenführung des Großen Hirschgrabens ist nur der nördliche Teil erhalten, an dem unser nächstes Ziel liegt: das **Goethehaus**. Wir gehen dazu vom Kaiserplatz aus in die **Bethmannstraße** bis zur **Berliner Straße**, wenden uns nach links und gleich wieder nach links zum Haus **Großer Hirschgraben 23**. Das Goethehaus – wie fast die komplette Altstadt – war im Zweiten Weltkrieg zerstört worden, wurde aber in den 1950er-Jahren wieder aufgebaut und in den letzten Jahren saniert und umgebaut.

Den Großen Hirschgraben weiter gehend, nehmen wir an der Weggabelung die linke Straße **Am Salzhaus** und stoßen nach wenigen Metern auf den **Rossmarkt**.

Hier wohnte im prächtigen Stadthaus des Weinhändlers **Johann Noé Gogel** der Tübinger Studienfreund Hölderlins **Georg Wilhelm Friedrich Hegel**. Auch er war Hauslehrer. Der reiche Weinhändler, Gemäldesammler und Freimaurer war mit den Gontards verwandt. Die Stelle hatte ihm Hölderlin verschafft, und die beiden alten Freunde hatten bis zum überstürzten Abschied Hölderlins aus dem Hause Gontard regelmäßigen freundschaftlichen Umgang. Der Rossmarkt, ehemals Pferdehandelsplatz, diente bis in die Hölderlinsche Zeit auch als Hinrichtungsplatz. Die ehemals prächtigen klassizistischen Stadtvillen der Kaufmannsdynastien stehen längst nicht mehr. Die Verlängerung bildet heute der **Goetheplatz** mit dem Denkmal des Dichterfürsten.

Vom Rossmarkt wenden wir uns weiter nach Norden und gehen rechts an der **Hauptwache** vorbei in die **Große Eschenheimer Straße**, die uns am

Eschenheimer Tor vorbei bis zur **Eschenheimer Anlage** bringt, wo wir rechts in den **Oeder Weg** einbiegen.

Das Eschenheimer Tor markierte die Stadtgrenze mit der Stadtmauer. Jenseits davon waren Gärten und Felder.

Das Eschenheimer Tor markierte bis ins 19. Jahrhundert die Stadtgrenze

Nach 700 Metern Oeder Weg erreichen wir rechts den **Adlerflychtplatz**. Hier befand sich zu Hölderlins Zeit der ***Adlerflychtsche Hof***, der Sommersitz der Familie Gontard. Das weitläufige Areal ist längst abgerissen und dicht bebaut.

Lediglich ein paar alte Parkbäume lassen erahnen, wie es hier einmal ausgesehen hat. Hier im Grünen vor den Toren der Stadt standen die Sommersitze reicher Bürger mit großen Parks und Gärten. Im Adlerflychtschen Hof hielt sich Hölderlin auf, als es zum Bruch mit seinem Brotherrn Gontard kam, und hierher kehrte er noch einige Male zurück, um heimlich durch die Gartenhecke Briefe mit seiner geliebten Suzette zu wechseln.

Von hier gehen wir zur letzten Station unserer Stadtwanderung, dem **Hölderlin-Denkmal** beim **Triton-Haus**. Wir gehen dazu den Oeder Weg bis

Spielplatz unter alten Bäumen am Adlerflychtplatz

Liesel-Christ-Anlage zwischen Eschenheimer Tor und Alter Oper

Das Hölderlin-Denkmal von Hans Mettel in der Bockenheimer Landstraße

zum Eschenheimer Tor zurück, wenden uns nach rechts und gehen durch den Grünzug der **Bockenheimer Anlage** zur **Alten Oper**. Dahinter stoßen wir auf die **Bockenheimer Landstraße**, wo wir bei Hausnummer 42, dem Triton-Haus, einen kleinen Park mit dem **Denkmal** von **Hans Mettel** von 1957 erreichen.

Zurück zum Hbf. kommen wir zu Fuß via Bockenheimer Landstraße, **Taunusanlage** sowie Taunusstraße (2 km).

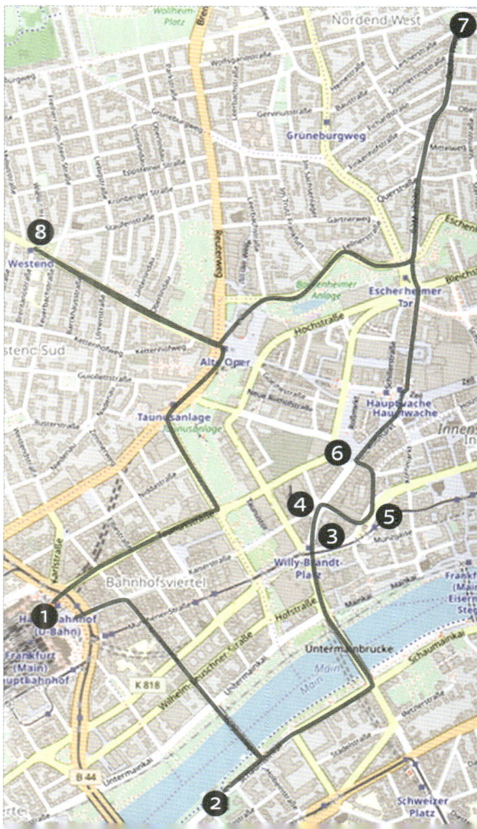

1 Ausgangs- und Endpunkt: Hbf. Frankfurt
2 Museum Liebieghaus, Schaumainkai 71
3 Ehem. Karmeliterkloster, Münzgasse 9
4 Hotel Frankfurter Hof, Kaiserplatz
5 Goethehaus, Gr. Hirschgraben 23
6 Rossmarkt
7 Adlerflychtplatz
8 Hölderlin-Denkmal beim Triton-Haus, Bockenheimer Landstraße 42

Zeit des Scheiterns
Im idyllischen Kleinstaat Homburg

Die Entstehung der Landgrafschaft **Hessen-Homburg** ist letztlich dem Umstand gedankt, dass **Georg I. Landgraf von Hessen-Darmstadt** (1547–1609), seinen jüngsten Sohn Friedrich nicht leer ausgehen lassen wollte. Nach dem Tode des Vaters konnte der älteste Bruder und Regent die Apanagen an den jüngsten Bruder jedoch nicht mehr bezahlen und so überschrieb er ihm *Stadt und Amt Homburg mit aller Hoch- und Obrigkeit.* Landgraf **Friedrich I** sollte künftig ab 1622 die nötigen Abgaben des kaum 1000 Einwohner zählenden Ackerbürgerstädtchens selbst herausholen.

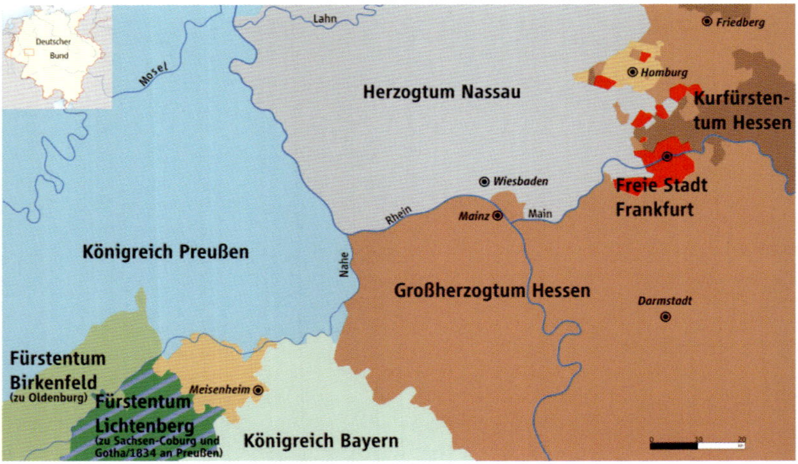

Der hessen-homburgische Kleinstaat umfasste nur 85 Quadratkilometer

Gegen Ende des 18. Jahrhunderts war die Einwohnerschaft des 85 Quadratkilometer großen Kleinststaates auf 3000 Einwohner angewachsen. Der damalige **Landgraf Friedrich V. Ludwig** (1748–1820) war im Gegensatz zu seinen Vor- und Nachfahren ein unkriegerischer Mann. Mit drei Jahren zum Waisen geworden wurde er von dem hoch gebildeten Humanisten **Alexander von Sinclair** erzogen, dem Vater des Hölderlin-Freundes Isaac von Sinclair (s. S. 119–121).

Gemäß seiner Erziehung zeichnete sich Friedrich durch eine **calvinistisch-pietistische** Frömmigkeit aus, die jedoch ein lebhaftes Interesse an Philosophie, den Geisteswissenschaften und auch dem musischen Fach einschloss. Gelehrte, Dichter und Musiker waren im Homburger Schloss immer willkommen.

Landgraf Friedrich V. ließ zahlreiche Parks und Gärten anlegen

Isaac von Sinclair, der ab 1796 das kleine Ländchen als Diplomat in den Diensten des Landgrafen vertrat, hatte Hölderlin schon während seiner Frankfurter Zeit in Homburg bei Hofe und in der Stadt eingeführt. So war es nur logisch, dass sich Hölderlin in dem Städtchen am Fuße des Taunus im September 1798 niederließ, zumal es von hier nur drei Wegstunden nach Frankfurt waren.

Zur Ablenkung von der bedrückenden Trennung von der Geliebten stürzt sich Hölderlin in Arbeit. Doch die hochfliegenden Pläne zur Herausgabe einer **Literaturzeitschrift** namens *Iduna*, für die er sich die Mithilfe Schillers und Goethes erhofft, scheitern. In diese Zeit fallen dann auch schon erste An-

Der Weiße Turm im Zentrum des Schlosses ist das Wahrzeichen von Homburg

zeichen der späteren Krankheit. Hölderlin plagen Koliken, und er leidet darunter, phasenweise *müßig und kopflos den ganzen Tag dazusitzen*. Der Homburger Arzt Dr. Müller diagnostiziert ***starke Hypochondrie***.

Im Juni 1800, als sein angespartes Geld langsam zu Ende geht und ihn Bruder Karl nach dem Tode seines Schwagers Breunlin auffordert, zur Unterstützung der Familie zurückzukehren, macht sich Hölderlin auf den Weg in die schwäbische Heimat.

Der Kontakt zu Freund Sinclair riss jedoch auch nach der Rückkehr nach Nürtingen und Stuttgart nicht ab. Wohl auf die Veranlassung Sinclairs hin verfasste Hölderlin zum 55. Geburtstag des Landgrafen Friedrich die Hymne *Patmos*. Der **Prinzessin Auguste**, die in den Dichter des *Hyperion* verliebt war, widmete er ebenfalls ein Gedicht zu ihrem 23. Geburtstag.

Nach Homburg kehrte Hölderlin erst vier Jahre später, im Juni 1804, zurück, als sich seine **Geisteskrankheit** immer wieder und immer stärker bemerkbar macht. Sinclair will sich um ihn kümmern und der Landgraf ist damit einverstanden, dass Hölderlin als ***Hofbibliothekarius*** pro Forma bei Hofe angestellt wird, bei einem Jahressalär von 200 Gulden, die allerdings Sinclair aus eigener Tasche bezahlt, da die Landgrafschaft schon seit langem de facto **pleite** ist. Pha-

Aus dem Taschenbuch für das Jahr 1805

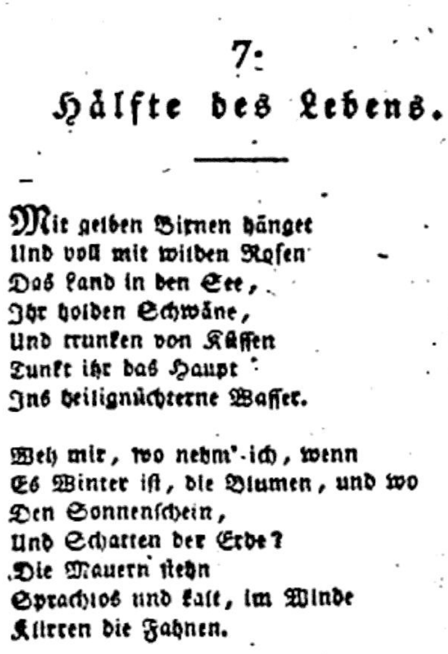

7.

Hälfte des Lebens.

Mit gelben Birnen hänget
Und voll mit wilden Rosen
Das Land in den See,
Ihr holden Schwäne,
Und trunken von Küssen
Tunkt ihr das Haupt
Ins heilignüchterne Wasser.

Weh mir, wo nehm' ich, wenn
Es Winter ist, die Blumen, und wo
Den Sonnenschein,
Und Schatten der Erde?
Die Mauern stehn
Sprachlos und kalt, im Winde
Klirren die Fahnen.

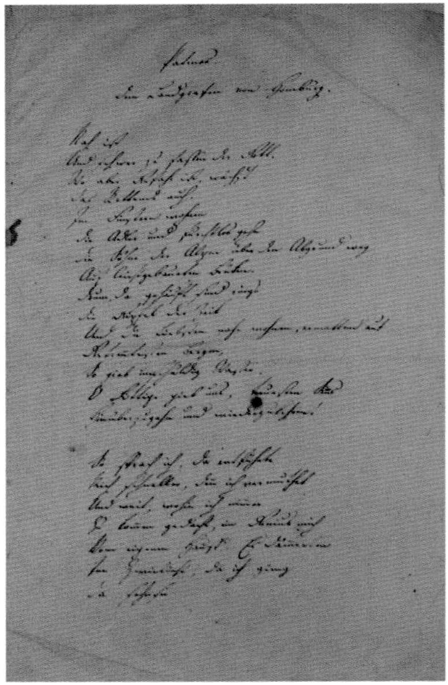

Erste Seite von *Patmos*, der Hymne an den Landgrafen zum 55. Geburtstag

senweise arbeitet Hölderlin an seinem Werk. Das wohl schönste Hölderlin-Gedicht *Hälfte des Lebens* soll am **Schlossweiher** von Homburg entstanden sein.

Einen vehementen negativen Schub bekommt die Geistesverfassung Hölderlins durch die **Verhaftung** und den anschließenden **Hochverratsprozess** im Februar 1805 gegen Freund **Sinclair**, der von einem windigen Bekannten denunziert worden war. Angeblich hatten Sinclair und seine württembergischen republikanischen Freunde geplant, den Kurfürsten von Württemberg umzubringen. Auch gegen Hölderlin wird daraufhin ermittelt, was seiner Gesundheit höchst abträglich ist. Der Landgraf setzt sich erfolgreich für eine Aussetzung der Auslieferung Hölderlins ein, da er in einen *höchsttraurigen Gemütszustand verfallen* sei und *als wirklich Rasender* behandelt werden müsse. Er rufe ständig: *Ich will kein Jakobiner sein. Fort mit allen Jakobinern* ... In seinem verwirrten Geisteszustand beschuldigt und beleidigt Hölderlin wohl auch öffentlich seinen Freund Sinclair, der nach fünf Monaten mangels Beweisen freigelassen wird und nach Homburg zurückkehrt.

Sinclair kann sich jedoch nur wenig um den Kranken kümmern. In den Verhandlungen um die **Mediatisierung** und die Auflösung der Kleinststaaten ist der **Außenminister** Homburgs arg gefordert und ständig auf Geschäftsrei-

Am Schlossteich des Homburger Schlosses soll Hölderlins schönstes Gedicht entstanden sein: *Hälfte des Lebens*

sen. Die Landgrafschaft Hessen-Homburg soll laut **Rheinbund-Akte** wieder im **Großherzogtum Hessen-Darmstadt** aufgehen.

Im August 1806 muss Sinclair der Mutter des Dichters mitteilen, dass Hölderlins *Wahnsinn eine sehr hohe Stufe erreicht* habe. *Seine Irrungen haben den Pöbel dahier so sehr gegen ihn aufgebracht, dass bei meiner Abwesenheit die ärgsten Misshandlungen seiner Person zu befürchten stünden*, schreibt er an die Mutter. Sie solle ihn deshalb abholen lassen. Der emotionslose Brief Sinclairs macht deutlich: Die Freundschaft der beiden ehemals engsten Freunde ist zerbrochen. Sinclair wird sich nach dem **zwangsweisen Abtransport** Hölderlins am 11. September 1806 nach Tübingen nie mehr um einen Kontakt zu dem Kranken bemühen.

Am selben Tag endete zunächst einmal auch die Souveränität der Landgrafschaft Hessen-Homburg, die dem Großherzogtum Hessen-Darmstadt zugeschlagen wurde. Jedoch gelang es unter anderem durch die **Heiratsbande** einer homburgischen Prinzessin und eines preußischen Prinzen sowie das Verhandlungsgeschick Sinclairs, im **Wiener Kongress** 1815 für Hessen-Homburg als einzigem deutschen Kleinstaat die Souveränität zurückzuverhandeln. Sie hatte bis zum Aussterben der Homburger Linie 1866 Bestand.

Portrait: Isaac von Sinclair

Eine beglückende, aber auch bedrückende Freundschaft

Isaac von Sinclair 1808 im Alter von 33 Jahren auf einem Gemälde von Favorin Lerebours

Isaac von Sinclair kam als Sohn des Juristen **Alexander Adam von Sinclair** (1713–1778) in Homburg v. d. H. zur Welt, wo sein Vater als Erzieher des Sohnes des dortigen Landgrafen tätig gewesen war. Der Name Sinclair ist wohl anglo-schottischer Herkuft. Als der Vater starb, war Isaac gerade einmal drei Jahre alt und wurde nun mit den Kindern des ehemaligen Zöglings seines Vaters, des Landgrafen **Friedrich V. Ludwig**, erzogen.

1792 und 1793 studierte er in Tübingen Jura und war auch flüchtig mit dem Theologiestudenten Hölderlin bekannt. Beide verkehrten in aufrührerischen studentischen Kreisen, und Sinclair war schon damals als radikaler Anhänger der **Französischen Revolution**, als Republikaner und Demokrat bekannt. Das gemeinsame Interesse an der **Philosophie** führte sie zwei Jahre später in **Jena** zusammen, der damaligen Geisteshauptstadt Deutschlands. Hier lehrte Fichte, aber auch Geistesgrößen wie Schiller und Goethe waren nicht weit. Sinclair betätigte sich hier im **Harmonistenorden**, einer freimaurerischen studentischen Loge.

Das Geburtshaus Sinclairs in der Nachbarschaft des Homburger Schlosses

Für die Legion von Bekannten, die ich verlor, habe ich aber einen Herzensfreund instar omnium erhalten, den M. Hölderlin …, schrieb er einem Freund. Auch Hölderlin war begeistert … *bei einem solchen Mann ist jede Stunde für den andern Gewinn an Seele und Freude …*

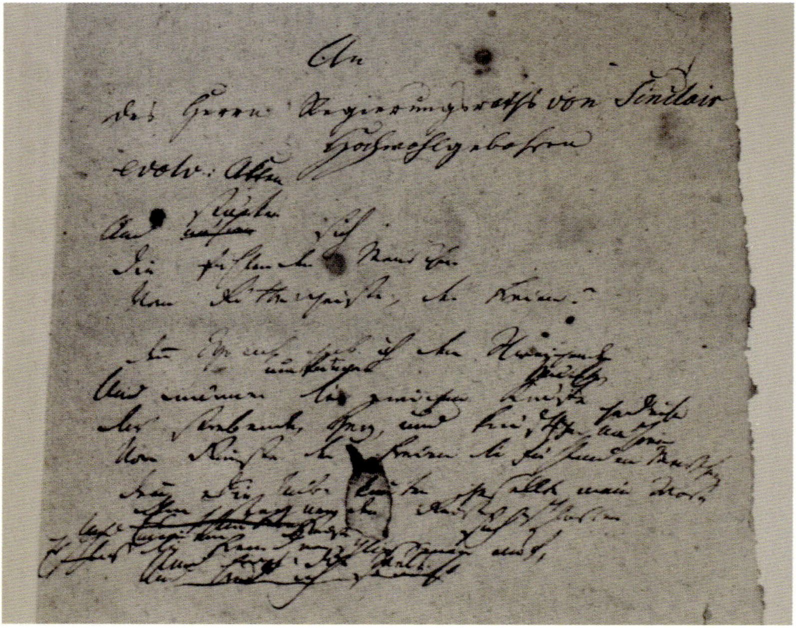

Ein Brief Hölderlins an Sinclair

Die beiden Freunde zogen zusammen in ein **Gartenhaus** vor den Toren von Jena, doch schon nach ein paar Wochen verließ Hölderlin die Stadt Hals über Kopf. Zum einen war ihm wohl die räumliche Nähe zu Schiller und *der wahrhaft großen Geister* zu einer Belastung geworden, andererseits war auch die Freundschaft zu Sinclair nicht ganz komplikationsfrei verlaufen, hatte dieser doch homosexuelle Neigungen. Auch Sinclair verließ im Herbst 1795 Jena, nachdem er wegen **Studentenunruhen** der Universität verwiesen worden war. Hölderlin arbeitete zu der Zeit an seinem *Hyperion* und verewigte den Freund in der Figur des **Alabanda**. Später widmete er ihm das Gedicht *An Eduard*.

Mit Jahresbeginn 1796 trat Sinclair in die diplomatischen Dienste des Landgrafen von Hessen-Homburg, der sein Patenonkel war, während Hölderlin gleichzeitig die **Hauslehrerstelle** im Hause Gontard im nahen Frankfurt antrat. Vor Dienstantritt im Januar 1796 besuchte er den Freund in Homburg, der die Familie Gontard kannte und diese wohl auch auf Hölderlin hingewiesen hatte.

Die erste Adresse nach seinem abrupten Abschied aus dem Hause Gontard im September 1798 war auch Freund Sinclair im keine 10 Kilometer entfernten Homburg gewesen, der eine Wohnung beschaffte, aber häufig in diplomatischer Mission außerhalb unterwegs war. 1799 besuchte Hölderlin den beim **Rastatter Kongress** weilenden Sinclair und lernte auch einige republikanische Gesinnungsgenossen aus Württemberg kennen.

Sinclair war es auch, der Hölderlin im Juni 1802 die Botschaft vom **Tode Suzettes** mitteilte, ein Schlag des Schicksals, von dem sich dieser niemals erholen sollte. Sinclair bietet dem Freund an, zu ihm nach Homburg zu kommen und deutet frühere Spannungen an: *Du kennst alle meine Fehler, ich hoffe, keiner soll mehr eine Misshelligkeit zwischen uns hervorbringen.* Mit Ausnahme der sexuellen Orientierung verbindet die beiden viel, was die äußeren Lebensumstände angeht: Beide stammen aus einem **pietistisch-frommen Elternhaus**, beide verloren früh den Vater und beide können sich ihr Leben lang dem Diktat der strengen Mutter kaum entziehen.

Sinclair ist nach der Auflösung des Kleinstaates 1806 arbeitslos, aber nicht ohne Vermögen, sodass er sich in den nächsten Jahren bis zum **Wiener Kongress** auch der **Schriftstellerei** und **Philosophie** widmen kann. Er schreibt eine **Dramentrilogie** über den Cevennenkrieg und das philosophische Werk *Wahrheit und Gewissheit*, das 2019 sogar in zweiter Auflage erschienen ist.

Politisch hatte Sinclair mittlerweile einen **Frontwechsel** vollzogen und aus dem glühenden Anhänger der Französischen Revolution war ein franzosenfeindlicher, anti-napoleonischer Verteidiger der Privilegien des Adels geworden.

Er arbeitete weiter für die Interessen seines Landgrafen und hatte Erfolg. Beim Wiener Kongress erhält 1815 die Landgrafschaft Hessen-Homburg als einziger Kleinstaat seine **Souveränität** zurück, auch ein Ergebnis der geschickten Diplomatie Isaac von Sinclairs.

Plötzlich geht aber alles ganz schnell. Am 20. April 1815 stirbt seine Mutter, neun Tage später erleidet der hitzköpfige Sinclair in einem Wiener Bordell einen **Schlaganfall** und stirbt.

Wohnhaus Sinclairs ab 1784 in der Homburger Dorotheenstraße 6

Historischer Stadtspaziergang in Homburg v. d. H.

Von Gartenkunst & Philosophie

Ausgangspunkt	Bahnhof Homburg v. d. H.
Endpunkt	Hölderlin-Denkmal im Kurpark
Streckenlänge	10 km, 3 h
Schwierigkeitsgrad	mittel

Sehenswürdigkeiten

- Landgrafenschloss mit Museum und Schlossgarten
- Gotisches Haus, Tannenwaldallee 102 (Hölderlin-Sonderausstellung 2020)
- Hölderlin-Kabinett in Villa Wertheimber, Tannenwaldallee 50
- Museum Sinclair-Haus, Dorotheenstraße
- Hölderlin-Denkmal im Kurpark

Wegbeschreibung

Wir starten am Bahnhof und gehen stadteinwärts über die Fußgängerbrücke bis zum modernen **Rathaus**, dort wenden wir uns nach links in die *Schöne Aussicht*, eine Hangstraße, die ansteigend in die **Dorotheenstraße** übergeht. In **Haus Nr. 34** hat Hölderlin zu Beginn seiner zweiten Homburger Zeit, also

Hölderlin-Wohnung in der Dorotheenstraße 34 beim Uhrmachermeister Calamé

von Juni 1804 bis zum Frühsommer 1805, gewohnt. Prinzessin Auguste von Hessen-Homburg schenkte ihm ein Klavier. Hauseigentümer des zweieinhalbstöckigen Bürgerhauses war der hugenottische Uhrmacher **Charles F. Calamé**. Nachdem seine Tobsuchtsanfälle schlimmer wurden, vor allem in der Zeit, als Freund Sinclair im Gefängnis saß, musste Hölderlin jedoch ausziehen.

Sein letztes Homburger Jahr lebte er in einfacheren Verhältnissen in der Haingasse beim Sattlermeister Lattner, einem Landsmann aus Esslingen. Ein Stück oberhalb von Haus Nr. 34 in einem klassizistischen Palais finden wir die **Stadtbibliothek**, die einen reichhaltigen Fundus an Veröffentlichungen zu Hölderlin gesammelt hat. Das dazugehörige Café nennt sich **Hölderlix**. Noch ein Stück weiter, Ecke Waisenhausstraße, steht das Bürgerhaus, in dem Freund Sinclair seit seiner Kindheit wohnte.

Geboren ist er allerdings im so genannten **Sinclair-Haus** am Ende der Dorotheenstraße, in dem heute ein **Museum der zeitgenössischen Kunst** untergebracht ist.

Direkt daneben betreten wir den Obergarten der weitläufigen **Schlossanlage**, dessen Zentrum und Wahrzeichen Homburgs der **Weiße Turm** ist, der ehemalige Bergfried der mittelalterlichen Hohenburg. Das heutige Schloss wurde Ende des 17. Jahrhunderts errichtet und bildet mit seinen zwei Höfen eine der bedeutendsten Palastanlagen des Frühbarocks in Hessen. Nach der Annexion Homburgs durch Preußen nutzten König Wilhelm I. und Kaiser Wilhelm II. das Schloss als **kaiserliche Sommerresidenz**. Hölderlin war während seines zweiten Aufenthalts 1804–1806 vom liberalen Landgrafen

Schlossgarten, dahinter der Weiße Turm

Villa Wertheimber im Gustavspark

als **Hofbibliothekarius** angestellt. Die Räume der Bibliothek sind leider nicht mehr im Originalzustand erhalten, im Gegensatz zu den kaiserlichen Appartements.

Im Park finden sich die Zeugnisse der **Gartenkunst** verschiedener Epochen, von Teppichbeeten, Orangerie, Obstgärten bis zu Parkanlagen mit Inselteich im Untergarten. Der Schlossgarten ist entlang der **Tannenwaldallee** mit mehreren weiteren Parks und Gärten in einer Sichtachse verbunden. An der Tannenwaldallee Nr. 50 finden wir den **Gustavspark** mit der Villa Wert-

Stadthistorisches Museum *Gotisches Haus*

Hölderlin-Denkmal im Kurpark von 1883

philosophischen der Aufklärung, etwa in Form der **Pappelalleen**, wie sie sich die Landgrafen von Hessen-Homburg in dieser Zeit zu eigen machten.

Nun können wir die rund drei Kilometer bis zum Schlossgarten durch die Tannenwaldallee schnurgerade zurückgehen, oder wir nehmen an der Bus-HS ***Gotisches Haus*** einen der Stadtbusse. Unser nächstes und letztes Ziel ist der **Kurpark**. In seiner ersten Homburger Zeit lebte Hölderlin am Rande der Altstadt in der **Haingasse**, nicht weit vom heutigen Kurpark. Er beschreibt seine zwei Zimmer beim Glasermeister Wagner *gegen das Feld hinaus, habe Gärten vor dem Fenster und einen Hügel mit Eichbäumen …* Auch dieses Haus ist, wie heimber, in der das **Stadtarchiv** untergebracht ist. Im **Hölderlin-Kabinett** kann man sich u.a. die Faksimiles verschiedener Arbeiten des Dichters anschauen.

Noch eine halbe Stunde Fußweg weiter draußen, an der Tannenwaldallee 102, steht das Städtische historische Museum **Gotisches Haus** mit neu gestalteter **Hölderlin-Ausstellung** (bis Sommer 2020).

Die zahlreichen Gärten und Parks entlang der Tannenwaldallee, die sich bis zum **Limes** an der **Landesgrenze** erstrecken, spiegeln die ästhetischen Ideale des englischen Gartenbaus ebenso wieder wie die

Pappelalleen waren für die liberalen Homburger Landgrafen Sinnbild eines aufklärerischen Zeitgeistes

die Unterkunft, in der er zuletzt lebte, dem Stadtausbau zum Opfer gefallen. Um via Haingasse den Kurpark zu erreichen, verlassen wir den Schlosspark via Herrngasse, gehen den Schulberg hoch und die zweite links ist die Haingasse.

An der Kreuzung rechts bringt uns die Elisabethenstraße zum Schwedenpfad, wo links der **Kurpark** erreicht wird, in dem wir oberhalb des Sees das **Hölderlin-Denkmal** erblicken. Die die Anlage umkränzenden Bänke laden zum Rasten und Sinnieren ein.

Am Sockel ein treffendes Hölderlin-Zitat:

Ein Sohn der Erde

Bin ich
Zu lieben gemacht,
Zu leiden.

Wanderung: Weg der Sehnsucht – der Hölderlin-Pfad

Von Bad Homburg nach Frankfurt

Ausgangspunkt	Museum Sinclair-Haus, Bad Homburg
Endpunkt	Adlerflychtplatz, Frankfurt
Streckenlänge	20 km
Streckenverlauf	Bad Homburg – Kalbach – Alter Flugplatz, Nidda-Überquerung – Frankfurter Berg – Eckenheim – Nordend – Adlerflychtplatz
Schwierigkeitsgrad	mittel, Gehzeit: 5 h
Karte	*FZ-Karte Taunushang*, Hrsg.: Regionalpark Ballungsraum RheinMain GmbH (www.regionalpark-rheinmain.de)
Broschüre	*„In naher Ferne. Der Hölderlinpfad von Bad Homburg nach Frankfurt am Main"*, Regionalpark RheinMain Taunushang GmbH, www.gruenguertel.de
Wegmarkierung	
Kartenskizze	S. 129

Sehenswürdigkeiten

- Wohnhaus Hölderlin, Dorotheenstraße 34, Bad Homburg
- Bergwerk *Gnade Gottes*, ehemals Braunkohleabbau (Gemarkung Oberursel)
- Bildstock (Gemarkung Oberursel) mit herrlichem Blick auf Taunus und Skyline FFM
- Kätcheslachweiher (bei Kalbach)
- Alter Flugplatz mit Robert-Gernhardt-Brücke
- Homburger Landstraße historisch (Frankfurter Berg)
- Adolph-von-Holzhausen-Park, Nordend

Einkehren

- Alter Flugplatz (Restaurant Tower Café)
- Aroma-Kiosk, Adlerflychtplatz

Wegbeschreibung

Nach dem abrupten Abschied vom Hause Gontard im September 1798 ließ sich Hölderlin im nahen Bad Homburg, in der Nähe seines Freundes Isaac von

Sinclair, nieder. Von dort konnte er (jeden ersten Donnerstag im Monat) in der Frühe aufbrechen und um 10 Uhr an der Hecke des Adlerflychtschen Hofes sein, um heimlich die geliebte Suzette zu sehen und durch den Zaun Liebesbriefe zu tauschen. Er hat, um in drei Stunden die Strecke zu bewältigen, sicher den kürzesten Weg genommen: Von Homburg aus die Frankfurter Landstraße, dann ab Obereschbach die Homburger Landstraße, vielleicht bis zum Nordend.

Unser Hölderlinpfad folgt nur in wenigen Abschnitten der Homburger Landstraße, der wahrscheinlichen historischen Wegführung, gleichwohl sind die topografischen Gegebenheiten immer noch ähnlich. Sein Blick unterwegs nach vorne und zurück orientierte sich, von der modernen Skyline einmal abgesehen, an den markanten Punkten der Topografie, seien es die Hänge des Taunus oder das Flusstal der Nidda. Sein von Liebe und Sehnsucht beseeltes Eilen können wir im Gehen mit eigenen Gefühlen und Gedanken füllen und ergänzen.

Wir starten am **Sinclair-Haus** in der Dorotheenstraße und sind nach wenigen hundert Metern an der Hausnummer 34, wo Hölderlin ab Juni 1805 etwa ein Jahr lebte. Von seinen zwei Zimmern im ersten Stock links hatte man einen guten, unverbauten Blick nach Frankfurt, was für den Dichter besonders schmerzhaft gewesen sein muss, war Diotima/Suzette zu diesem Zeitpunkt ja schon drei Jahre tot.

Wir kommen zum **Rathaus**, gehen über die Fußgängerbrücke und wenden uns vor dem Bahnhof nach rechts in die **Frölingstraße**, die leicht ansteigt. Auf der Kuppe geht es nach links in die **Justus-von-Liebig-Straße**, auf der wir die Bahngleise und den **Dornbach** überqueren. Es geht hoch und via **Werner-Reimers-Straße** verlassen wir das **Gewerbegebiet *Mitte*** und kommen an die **Zeppelinstraße** (L 3003), die wir überqueren und weiter geradeaus wandern. Ab hier, Stadtgrenze Bad Homburg, ist der Hölderlin-Pfad bis zum Adlerflychtplatz in Frankfurt gut ausgeschildert.

So soll Hölderlin um 1800 ausgesehen haben.
Bildnis von unbekannter Hand

Vom **Kronenhof** hat man bereits einen schönen Blick zurück auf die Höhen des Taunus und vorwärts auf die Skyline von Frankfurt. Im Zickzack geht es zwischen Obereschbach und Oberursel hindurch am **Tierfriedhof** vorbei und dann über die A 661. Hier, bei Wander-Kilometer 5 markiert eine **Grenzsäule** die Grenze der Landgrafschaft Hessen-Homburg bis zu ihrer Auflösung 1866.

Kurz danach erreichen wir die ***Gnade Gottes***, d.h. das Gelände eines ehemaligen, 1840 stillgelegten Braunkohlebergwerks.

Ein Stück weiter, auf der Kuppe der Anhöhe bei km 6 steht ein **Bildstock**. Ein prächtiger Rundumblick ist der Lohn des Weges. In dunstiger Ferne tauchen die Hochhausriesen des Frankfurter Bankenviertels vor uns auf. Es geht jetzt an einem alten Basaltsteinbruch vorbei hangabwärts durch das Tälchen des **Kalbach**. Wir überqueren die A 5 und berühren den Ortsrand von Kalbach, machen aber einen Bogen um den Frankfurter Stadtteil und kommen am Rande der **Riedbergsiedlung** zum Bachlauf

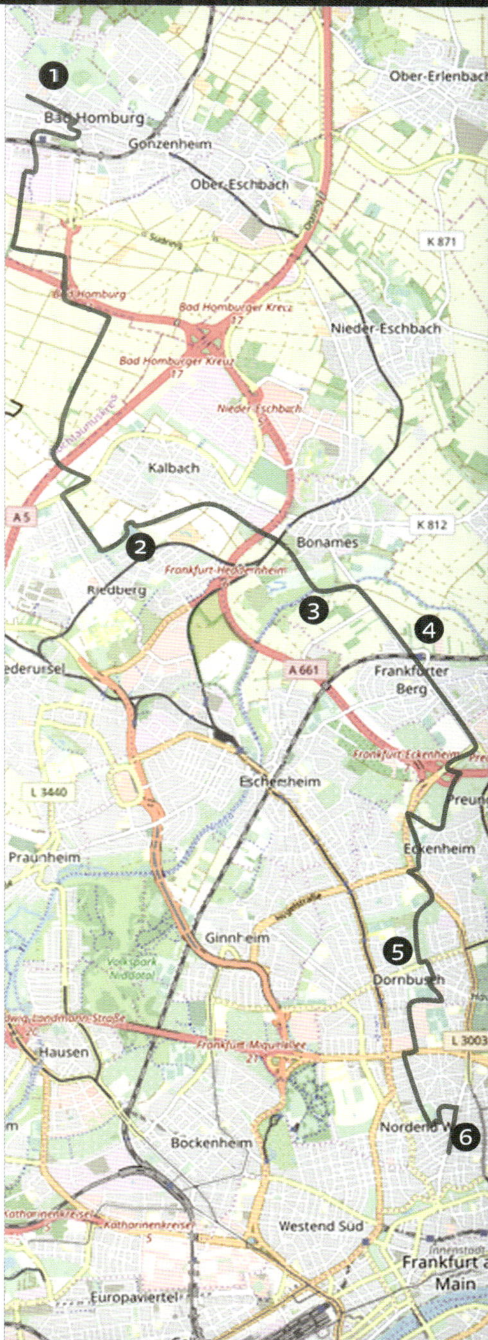

1 Start: Sinclair-Haus, Bad Homburg
2 Kätcheslachweiher, Kalbach
3 Alter Flugplatz, Robert-Gernhardt-Brücke üb. Nidda
4 Homburger Landstraße
5 Hessischer Rundfunk (hr)
6 Adlerflychtplatz

Beim Blick zurück verstellen moderne Großbauten den Blick auf die altehrwürdigen Türme der Stadt Homburg

der Kätcheslach, der als **Kätcheslachweiher** aufgestaut, ein Regenrückhaltebecken und idyllisches Vogelparadies abgibt. Wir folgen dem Bachlauf, bis wir wieder auf den **Kalbach** stoßen, an dessen rechtem Ufer wir noch einmal unter der A 661 hindurch talwärts wandern, bis wir zum **Alten Flugplatz** kommen. Hier ist das **Tower-Café** der geeignete Platz für eine Rast.

Wir sind jetzt mitten im Frankfurter Grüngürtel. Über die **Nidda** geht es links weiter und wir stoßen auf die **Homburger Landstraße**, die sich kilometerweit schnurgerade über das **Niddatal** zum **Frankfurter Berg** und hinüber bis Preungesheim zieht. Hunderte von Linden sollen hier den ursprünglichen Charakter als Lindenallee wieder herstellen. Nach der Unterquerung der S-Bahn beim **Bf. Frankfurter Berg** ist ein kleines Stück Allee mit alten Lin-

Hinter Kalbach ragt die Skyline aus dem Sommerdunst

Nidda-Idyll beim Alten Flugplatz

den noch erhalten; ob sie zu Hölderlins Zeiten schon gestanden haben, sei dahingestellt.

Jedenfalls ist die Wahrscheinlichkeit, auf seinen Pfaden zu wandeln, hier am größten. Der Frankfurter Berg verströmt schon vorstädtisches Ambiente mit seinen dreieinhalbstöckigen Häusern und seinem Eingebundensein ins großstädtische Verkehrsnetz. Bei der L 3003 verlassen wir die Homburger Landstraße und folgen ein Stück dieser Straße, überqueren die A 661 ein weiteres Mal und erreichen den Stadtteil **Eckenheim**. Wir umgehen die Sportplätze und gehen rechts an der **Jean-Monnet-Straße** entlang Richtung **Dornbusch** mit seinen Kleingärten. Hier finden wir auch eine **Gaststätte** der Turnerschaft *Jahnvolk* mit großem Biergarten.

Wir überqueren dann den **Marbachweg** und gehen in der **Kaiser-Sigmund-Straße** bis zur ersten

Beim Frankfurter Berg ist noch ein altes Stück *Homburger Landstraße* erhalten.

Querstraße rechts, der **Annelburgstraße**. Nach 20 Metern geht es links zu den Sportplätzen der **Bertramswiesen**. Durch eine Kastanienallee kommen wir an den nördlichen Teil des riesigen Geländes des **Hessischen Rundfunks** (hr). Wir gehen nach rechts und bei der **Bertramstraße** nach links, an der Westseite des hr entlang bis zur **Adickesallee**. Beim Polizeipräsidium wenden wir uns nach rechts.

Die zweite links ist die **Eysseneckstraße**, eine schöne Allee mit altem Baumbestand, hochherrschaftlichen Villen und Patrizierhäusern. Sie führt uns schnurgerade zum **Adolph-Holzhauser-Park**, einem offensichtlich von vielen Kindern, Mamas und Papas bevorzugten Freizeitbereich. Im Park geht es geradeaus weiter, dann am Parkende nach links bis zur **Justinianstraße**, die wir – ohne auf die Wegmarkierung Hölderlin-Pfad zu achten – nach rechts hinunter gehen bis zur **Wolfgangsstraße**, in die wir links einbiegen und den **Adlerflychtplatz** am Oeder Weg erreichen.

Unweit von hier muss die Stelle im Park des **Adlerflychtschen Hofes** gewesen sein, an der Hölderlin an manchem ersten Donnerstag im Monat auf die Gelegenheit gewartet hat, seiner Diotima an der Gartenhecke seine Briefe, die leider fast alle verloren sind, zuzustecken. Wie selig in seinem Trennungsschmerz kann er gewesen sein, wenn er dann auf dem Heimweg einen der (17 erhaltenen) Briefe von Suzette in Händen hielt? Da alles heimlich vor sich gehen musste, hatten sie wohl kaum Zeit für tröstende Worte, vielleicht ein flüchtiger Kuss an der Hecke und ein heißer Händedruck?! Am 8. März 1800 war hier das letzte kurze Treffen – danach sahen sie sich nie wieder.

Aroma-Kiosk am Adlerflychtplatz

Bei Freunden im unruhigen Stuttgart
Zwischen Adelsherrschaft und Republik

Vermittelt über seinen Studienfreund **Ludwig Neuffer** hatte Hölderlin 1795 den Stuttgarter Tuchhändler **Christian Landauer** (1769–1845) kennen- und schätzen gelernt. Der ein Jahr ältere Kaufmann vereinigte eine große Geschäftstüchtigkeit mit einem hohen Sinn für **Musik** und **Literatur** und einem aufgeklärten liberalen und republikanischen Bewusstsein. Da er öfters in der Handelsmetropole Frankfurt zu tun hatte, kam es während Hölderlins Zeit im Hause Gontard immer wieder zu Treffen und Besuchen. Mit ihm konnte der Dichter auch offen über seine Beziehung zu Suzette sprechen, sodass sich eine enge Freundschaft entwickelte.

Der Stuttgarter Hölderlin-Freund Christian Landauer um 1800

Hölderlin war Anfang Juni 1800 nach Nürtingen zurückgekehrt, aber schon zehn Tage später wandert er nach Stuttgart zu Landauer, weil er hoffte, *hier eine Zeit im Frieden zu leben und ungestörter als bisher sein Tagwerk tun zu können.*

Die Stuttgarter Freunde sehen jedoch mit Sorge, wie er sich äußerlich verändert hat und *wie sehr die inneren Kämpfe und Leiden den einst blühenden Körper angegriffen* hatten. Dazu kam eine **Gereiztheit seines Seelenzustandes**, die zum Beispiel dazu führte, dass er bei einem vermeintlich falschen Ton in einem Gespräch unter Freunden plötzlich wütend die Runde verließ. Dennoch – sein Zustand bessert sich in der fürsorglichen Atmosphäre des Landauer'schen Hauses, wo Hausmusik betrieben wird und eine dem Dichter wohlwollende Stimmung herrscht.

Stuttgart, die württembergische Residenzstadt, hatte um 1800 etwa 20 000 Einwohner, aber war großteils immer noch eine ländlich erscheinende Ackerbürgerstadt, von Weinbergen umgeben.

Zentrum war die Residenz, das **Neue Schloss**, in dem nach dem Tode von Herzog Karl Eugen 1793 ab 1797 ein Neffe, nämlich **Friedrich II.**, das Sagen hatte. Dieser war aus demselben absolutistischen Holz geschnitzt wie sein Onkel und versuchte von Anfang an, die württembergische **Verfassung** aufzuheben und die Landstände zu entmachten. Französische Truppen besetzten in dieser Zeit wiederholt auch Württemberg, und das Land litt unter Kontributionen und Einquartierungen. Als Hölderlin im Juni 1800 nach Stuttgart kam, war Herzog Friedrich II. gerade ins Exil nach Erlangen geflohen. Demokraten und Republikaner einerseits und der Herzog andererseits versuchten, die Franzosen unter dem neuen starken Mann, General **Napoleon Bonaparte**, auf ihre Seite zu ziehen. Die einen, um eine ***Schwäbische Republik*** nach französischem Vorbild zu errichten, der andere, um die absolutistische Fürstenherrschaft zu verteidigen. Durch geschicktes Verhandeln gelang Friedrich II., der jahrzehntelang in Diensten von Russlands Katharina II. gestanden hatte, eine Annäherung an Frankreich, die Republikaner hatten das Nachsehen. 1805 setzte Friedrich schließlich mit französischer Hilfe seinen Plan der **Zerschlagung der Landstände** und die

Erster Stuttgarter Stadtplan mit Häusernummerierung 1794. Die Stadt von 20 000 Einwohnern war von Rebhängen umgeben

1806 wurde Herzog Friedrich von Napoleons Gnaden König von Württemberg

Aufhebung der Verfassung in die Tat um. In diesem Kontext ist das konspirative Treffen Stuttgarter Republikaner mit dem Homburger Diplomaten **Isaac von Sinclair** im Juni 1804 zu sehen, bei dem auch Hölderlin anwesend war. Inhalt des Treffens war offensichtlich, wie man eine Zerschlagung der Landstände verhindern könne. Ein Denunziant unterstellte den Teilnehmern des Geheimtreffens **Mordpläne** gegenüber dem inzwischen Kurfürst gewordenen Friedrich II., was von Sinclair erfolgreich im Hochverratsprozess 1805 bestritten wurde.

Hölderlin erteilt im Hause Landauers **Privatlektionen**, unter anderem den Kindern Landauers, und arbeitet zielstrebig an einer Gesamtausgabe seiner Gedichte, die jedoch nicht zustande kommt. Er überarbeitet viele seiner Arbeiten, ausführlich widmet er sich in dieser Zeit auch **Pindar**.

Aus Anlass des gemeinsamen Besuchs eines im Aufbau befindlichen **Gasthauses** in den Rebhängen über der Stadt widmet er Landauer die un-

Auch heute noch trägt so mancher Hügel um Stuttgart den Rebstock

vollendete Elegie *Das Gasthaus*, die später den Titel *Der Gang aufs Land* bekommt.

Der Gang aufs Land

An Landauer
Komm! ins Offene, Freund! zwar glänzt ein Weniges heute
Nur herunter und eng schließet der Himmel uns ein.
Weder die Berge sind noch aufgegangen des Waldes
Gipfel nach Wunsch und leer ruht von Gesange die Luft.
Trüb ists heut, es schlummern die Gäng und die Gassen und fast will
Mir es scheinen, es sei, als in der bleiernen Zeit.
Dennoch gelinget der Wunsch, Rechtglaubige zweifeln an Einer
Stunde nicht und der Lust bleibe geweihet der Tag.
Denn nicht wenig erfreut, was wir vom Himmel gewonnen,
Wenn ers weigert und doch gönnet den Kindern zuletzt.
Nur daß solcher Reden und auch der Schritt' und der Mühe
Wert der Gewinn und ganz wahr das Ergötzliche sei.
Darum hoff ich sogar, es werde, wenn das Gewünschte
Wir beginnen und erst unsere Zunge gelöst,
Und gefunden das Wort, und aufgegangen das Herz ist,
Und von trunkener Stirn höher Besinnen entspringt,
Mit der unsern zugleich des Himmels Blüte beginnen,
Und dem offenen Blick offen der Leuchtende sein.
...
Aber schön ist der Ort, wenn in Feiertagen des Frühlings
Aufgegangen das Tal, wenn mit dem Neckar herab
Weiden grünend und Wald und all die grünenden Bäume
Zahllos, blühend weiß, wallen in wiegender Luft,
Aber mit Wölkchen bedeckt an Bergen herunter der Weinstock
Dämmert und wächst und erwarmt unter dem sonnigen Duft.

Ende September 1800 ist Hölderlin in Nürtingen bei der Familie und teilt ihr mit, dass er von dem Privatunterricht in Stuttgart nicht leben kann und er sich deshalb nach einer neuen **Hauslehrerstelle** umsehen möchte.

Im Dezember macht er zu Landauers 31. Geburtstag noch ein **Geburtstagsgedicht**, in dem er den Freund preist.

Dem Dichter und Freund **Siegfried Schmid** widmet er nach einer gemeinsamen Wanderung, die die beiden bis in Hölderlins Heimatstadt Lauffen bringt, die Elegie *Stuttgart*:

Stuttgart

Wieder ein Glück ist erlebt. Die gefährliche Dürre geneset,
Und die Schärfe des Lichts senget die Blüte nicht mehr.
Offen steht jetzt wieder ein Saal, und gesund ist der Garten,
Und von Regen erfrischt rauschet das glänzende Tal,
Hoch von Gewächsen, es schwellen die Bäch und alle gebundnen
Fittige wagen sich wieder ins Reich des Gesangs.
Voll ist die Luft von Fröhlichen jetzt und die Stadt und der Hain ist
Rings von zufriedenen Kindern des Himmels erfüllt.
Gerne begegnen sie sich, und irren untereinander,
Sorgenlos, und es scheint keines zu wenig, zu viel.
Denn so ordnet das Herz es an, und zu atmen die Anmut,
Sie, die geschickliche, schenkt ihnen ein göttlicher Geist.
Aber die Wanderer auch sind wohlgeleitet und haben
Kränze genug und Gesang, haben den heiligen Stab
Vollgeschmückt mit Trauben und Laub bei sich und der Fichte
Schatten; von Dorfe zu Dorf jauchzt es, von Tage zu Tag,
Und wie Wagen, bespannt mit freiem Wilde, so ziehn die
Berge voran und so träget und eilet der Pfad.

…

3
Aber damit uns nicht, gleich Allzuklugen, entfliehe
Diese neigende Zeit, komm ich entgegen sogleich,
Bis an die Grenze des Lands, wo mir den lieben Geburtsort
Und die Insel des Stroms blaues Gewässer umfließt.
Heilig ist mir der Ort, an beiden Ufern, der Fels auch,
Der mit Garten und Haus grün aus den Wellen sich hebt.
Dort begegnen wir uns; o gütiges Licht! wo zuerst mich
Deiner gefühlteren Strahlen mich einer betraf.
Dort begann und beginnt das liebe Leben von neuem;
Aber des Vaters Grab seh ich und weine dir schon?
Wein und halt und habe den Freund und höre das Wort, das
Einst mir in himmlischer Kunst Leiden der Liebe geheilt.

…

5

Aber indes wir schaun und die mächtige Freude durchwandeln,
Fliehet der Weg und der Tag uns, wie den Trunkenen, hin.
Denn mit heiligem Laub umkränzt erhebet die Stadt schon,
Die gepriesene, dort leuchtend ihr priesterlich Haupt.
Herrlich steht sie und hält den Rebenstab und die Tanne
Hoch in die seligen purpurnen Wolken empor.
Sei uns hold!dem Gast und dem Sohn, o Fürstin der Heimat!
Glückliches Stuttgart, nimm freundlich den Fremdling mir auf!...

Die Freunde in Stuttgart wollen ihn nicht ziehen lassen, aber Mitte Januar 1801 bricht Hölderlin nach **Hauptwil** in der Schweiz auf, wo er eine Hauslehrerstelle im Hause des Kaufmanns **Anton von Gonzenbach** (1748–1819) angenommen hat. Stuttgarter Freunde begleiten ihn zu Fuß bis Tübingen, dann wandert er in fünf Tagen zu seiner neuen Arbeitsstelle. Hier erlebt er im Februar den **Frieden von Lunéville**, den er stürmisch begrüßt und in der Hymne *Friedensfeier* besingt. Doch kaum drei Monate nach Aufnahme seiner Hauslehrertätigkeit ist er im April 1801 schon wieder auf dem Heimweg nach Nürtingen. Die Gründe für die Kündigung sind unbekannt.

Thema: Das Werk Hölderlins im Überblick

– grandios unvollendet ...

Hölderlin hat mehrere Jahre an zwei Hauptwerken gearbeitet. Da ist zum einen der **Briefroman** *Hyperion oder Der Eremit in Griechenland* und zum anderen das **Trauerspiel** *Der Tod des Empedokles*, das drei Fassungen erlebte, von denen jedoch keine vollendet wurde. Den Plan zu einem Trauerspiel fasste er bereits 1794. **Empedokles** war ein vorsokratischer Naturphilosoph, Arzt und Politiker im 5. vorchristlichen Jahrhundert aus dem sizilianischen **Agrigent**. Auf ihn geht die **Lehre von den vier Elementen** zurück: Erde, Wasser, Feuer und Luft. Zwei seiner Werke sind teilweise erhalten: die *Reinigungen* und Gedichte über die Natur. Empedokles sieht die Welt in einem ewigen Kreislauf von Werden und Vergehen, in denen jedoch die vier Urstoffe bzw. Elemente die Träger eines unveränderlichen Seins sind. Politisch engagierte sich der Weise auf Seiten der Demokraten gegen die Tyrannenherrschaft, weshalb er schließlich seine sizilianische Heimat gegen das Asyl auf dem Peloponnes eintauschen musste.

Bei Hölderlin lebt Empedokles in Harmonie mit einer *größeren Natur*, in der er sich wie ein Gott fühlt. Dadurch gerät er in einen scharfen Gegensatz zu seinen Mitmenschen, die sich nur ihren Alltagsbedürfnissen widmen, ihn als politischen Führer akzeptieren, seine radikale Neuorientierung mit der göttlichen Natur als Leitbild und ihm als gottgleichem spirituellem Führer aber ablehnen. Es kommt zum Zerwürfnis mit dem Volk und zur Verbannung aus seiner Heimat. Auch seine Bindung mit der göttlichen Macht zerbricht, sodass er schließlich den **Tod** im Ätna sucht.

Der Großteil der von Hölderlin geschaffenen Werke sind **Gedichte**, die teilweise in unterschiedlichsten Versionen und Fassungen vorliegen. Hölderlin schrieb ständig um, immer in dem Bestreben, den Text noch zu verbessern. Seine Gedichte basieren meist auf antiken Formen. **Oden**, **Hymnen** und **Elegien**.

Schon in früher Jugend lernte Hölderlin in Maulbronn die Oden des antiken Dichters **Pindar** ebenso schätzen wie die Oden **Klopstocks**, zwei seiner wichtigsten Vorbilder (s. S. 58). Auch Hölderlin begeisterte sich für den feierlichen Ton und *die heilige Trunkenheit der Dichter*, hob ihre polare Struktur auf und brachte es zu einer wahren Meisterschaft. Gerade auch in seiner Frankfurter Zeit (*Diotima*, *Die Parzen*) oder in der späteren Nürtinger Zeit entstand eine Reihe bedeutender **Oden**: Die *Nachtgesänge*, *Winkel von Hardt* oder *An*

Originalhandschrift des *Empedokles* (1798–1800)

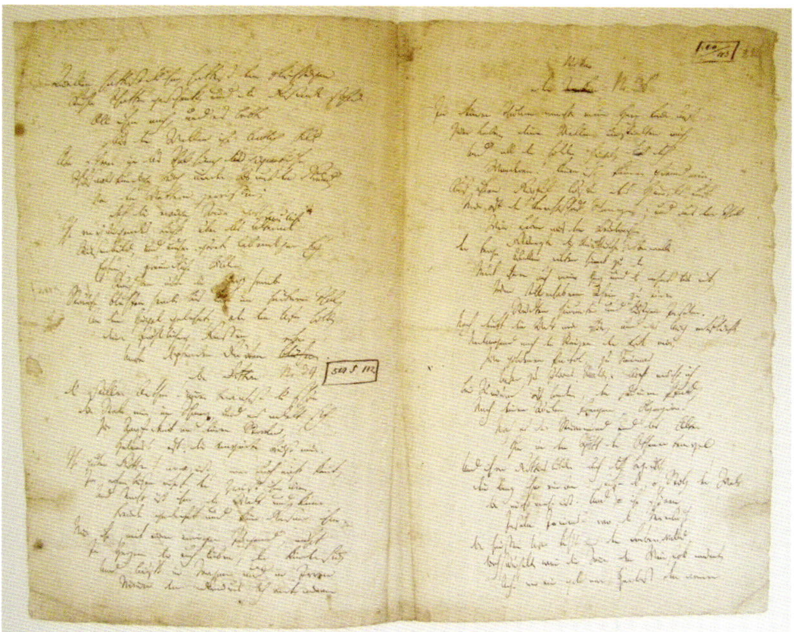

Pindar-Büste aus römischer Zeit nach griechischem Original aus dem 5. Jahrhundert v. Chr.

die Deutschen sind weitere beredte Beispiele.

Auch die **Hymne** (griech. Festgesang), eine Grundform der lyrischen Dichtung, bei der traditionell das Lobpreisen göttlicher Mächte durch einen ***vates*** (Dichter-Seher) im Zentrum steht, ist eine oft gewählte hölderlinsche Form, so zum Beispiel bei der frühen Hymne *Die Meinige*. Berühmt werden sollten seine Tübinger Hymnen, die in ihren ersten Formen stark an Schiller (*An die Freude*) erinnern, aber sich immer mehr durch einen eigenständigen Charakter und metrische Ungebundenheit auszeichnen. Die Heroisierung der Freundschaft gegen Willkürherrschaft und Tyrannei stehen im Mittelpunkt.

Beispiele: *Hymne an die Göttin der Harmonie, Hymne an die Freiheit, Hymne an die Menschheit.*

In Anlehnung an den *Lehrer* Klopstock, der seinerseits die Form der **Elegie** erneuert hatte, zeigte Hölderlin auch in diesem Genre Meisterliches, was über seinen Lehrer hinauswies: Die in der längsten Fassung 160 Verse und neun Strophen umfassende Elegie *Brod und Wein* ist nach **Norbert Hellingrath**, einem der bedeutendsten Hölderlinforscher und -publizisten des frühen 20. Jahrhunderts, *die beste Grundlage zum Eindringen in Hölderlins Gedankenwelt*.

Der Wanderer, die erste von Hölderlin an Schiller geschickte Elegie, sowie *Heimkunft* oder *Stuttgart* sind weitere bedeutende Zeugnisse Hölderlins in dieser Gattung, nicht zu vergessen *Menons Klagen um Diotima* nach der Trennung von Suzette.

Neben seinen eigenen Dichtungen, tat sich Hölderlin auch als **Übersetzer** hervor. Die *Pindar-Fragmente* und dessen *Olympische Dichtungen* gehörten hierzu ebenso wie Trauerspiele des **Sophokles**, *Oedipus der Tyrann* und *Antigonä*.

Auch ein umfangreiches Werk an **philosophischen und poetologischen Schriften** hinterließ der Dichter, was teilweise verloren ging, da die Familie mit den Konvoluten an Schrifttum nach der Erkrankung Hölderlins nicht adäquat umzugehen wusste. Philosophisch gesehen ging es Hölderlin vor allem um eine Zusammenführung der Ideenwelt der **griechischen Antike** mit der des **Deutschen Idealismus**. Freund Neuffer berichtet von dem vielfältigen Streben des Dichters *abstrakte Ideen, besonders von Platon und Kant, ins Gewand der Dichtkunst zu hüllen.* (StA 7.2,457)

Nicht zuletzt die Freundschaft mit den beiden großen Philosophen **Hegel** und **Schelling** dokumentiert schon zu Stiftszeiten sein gesteigertes Interesse am Philosophieren mit den Besten dieses Faches, das sich nicht zuletzt in gemeinsamen Texten niederschlug, etwa in dem Text *Das älteste Systemprogramm des deutschen Idealismus*, das Hegel, Schelling, aber auch Hölderlin als Mitverfasser zeigt. In der **Jenaer Zeit** (1794 bis 1795) setzte sich diese philosophische Auseinandersetzung fort, als er auch in einem direkten Austausch mit dem damals angesagtesten zeitgenössischen Philosophen stand, nämlich **Johann Gottlieb Fichte**.

Historische Stadtwanderung in Stuttgart

Auch der junge Dichter ging shoppen

Ausgangspunkt	Hauptbahnhof Stuttgart
Endpunkt	*Altes Waisenhaus* am Charlottenplatz
Streckenlänge	7 km, reine Gehzeit: 2 h
Schwierigkeitsgrad	leicht
Kartenskizze	S. 146

Sehenswürdigkeiten

- Hegel-Haus mit Museum, Eberhardstraße 53
- Hölderlin-Säule am Hölderlinplatz
- Hoppenlau-Friedhof mit Karl Gok-Grab
- Hölderlin-Archiv in der Württembergischen Landesbibliothek (Mo–Fr 10–13 Uhr, 14–17 Uhr)
- *Altes Waisenhaus* am Charlottenplatz
- *Museum Hotel Silver*, Dorotheenstraße 10, Eintritt frei

Einkehren

- *CaffeBar Hölderlin*, Hölderlinplatz, Schwabstraße 197
- *Amadeus*, Restaurant & Bar, im Hof des Alten Waisenhauses, Charlottenplatz 17
- *Zur Kiste*, traditionelle Weinstube, neben Hochhaus am Charlottenplatz, Kanalstraße 2

Wegbeschreibung
Es geht los am Beginn der Königstraße gegenüber dem Hbf. In der heutigen **Königstraße 48–52** stand um 1800 das Stuttgarter *Gynnasium illustre* und daneben das Haus des Kaufmanns **Christian Landauer** am **Großen Graben**, in dem Hölderlin nach seiner ersten Rückkehr aus Homburg im Jahre 1800 zeitweise lebte. Heute erinnert an die ehemalige Bebauung nur noch das Schild *Gymnasiumstraße*, aber damals wie heute war hier die geschäftige Mitte der Stadt.

So sah die Königstraße vor 200 Jahren aus. Im zweiten Haus von links wohnte Hölderlin bei seinem Freund Landauer

Hölderlin legte vor allem in jungen Jahren großen Wert auf exquisite Kleidung und Ausstattung, die er nicht zuletzt auch in den Läden der damaligen württembergischen Residenz erwarb.

Wir gehen geradeaus weiter und stoßen auf den **Rotebühlplatz**, wo an der Einmündung der Marienstraße das vornehme **Hotel *Römischer Kaiser*** stand. Hier logierte im Juni 1804 Isaac von Sinclair und hier fand auch ein Treffen mit republikanischen würt-

Im ehemaligen Luxus-Hotel Römischer Kaiser kam es im Juni 1804 zu einem konspirativen Treffen von Sinclair mit Republikanern aus Württemberg. Heute regiert hier der Kommerz.

tembergischen Freunden inklusive Hölderlin statt, das der angebliche *Freund* Blankenstein denunzierte und das die Grundlage für den **Hochverratsprozess** gegen Sinclair im Frühjahr 1805 bildete.

Vom Rotebühlplatz machen wir einen kleinen Abstecher hinunter in die Eberhardstraße 53, das **Geburtshaus** des Studienfreundes **G. W. F. Hegel**, der seine Kindheit und Jugend in Stuttgart verbrachte. Die Ausstellung im Haus zeigt den Lebensweg eines der bedeutendsten Philosophen der deutschen Geistesgeschichte

Zurück zum Rotebühlplatz überqueren wir diesen und gehen geradeaus hoch, an der nach einem Widerstandskämpfer gegen die NS-Diktatur benannten **Fritz-Elsas-Straße** entlang, die früher Gartenstraße hieß und tatsächlich von Gärten gesäumt war. Danach geht es wieder abwärts zum **Berliner Platz**, dann weiter geradeaus die **Seidenstraße** hoch und weiter bis diese auf die **Hegelstraße** stößt. Wir sehen auf der anderen Seite die **Russische Kirche** und wenden uns nach links. Die Hegelstraße geht in die **Hölderlinstraße** über, die uns zum **Hölderlinplatz** führt. Vom Hegel-Haus zum Hölderlinplatz ist es eine knappe halbe Stunde Fußweg, den wir ab U-HS *Rotebühlplatz* auch mit der U 4 zurücklegen können (bis U-HS *Hölderlin-*

Hölderlinplatz mit überdimensionierter *Litfasssäule*

Das Geburtshaus des großen Philosophen und Hölderlin-Freundes G. W. F. Hegel

platz). Die Hölderlin-Säule am Hölderlinplatz von dem Architekten Michael Trieb zeigt Zitate, u. a. von seiner großen Elegie *Stuttgart*.

Um zum **Hoppenlau-Friedhof** zu gelangen gehen wir die Hölderlin- und Hegelstraße zurück, überqueren die Seidenstraße und gehen bei der **Lerchenstraße** rechts und gleich wieder links in die kurze **Hoppenlaustraße**. Jenseits der Rosenbergstraße ist ein Eingang zum Hoppenlau-Friedhof, dem ältesten noch erhaltenen der Stadt. Hier fanden von 1623 bis 1880 Beerdigungen statt, darunter auch die von bedeutenden Dichtern wie **Daniel Schubert**, den Hölderlin während seiner Tübinger Studentenzeit einmal besucht hatte. **Wilhelm Hauff** hat hier ebenso seine letzte Ruhestätte gefunden wie **Gustav Schwab** und der Hölderlin-Verleger **Johann Friedrich Cotta**. Auch das Sandstein-Grabmal des Hölderlin-Bruders **Karl Gok** (1776–1849) ist hier zu finden.

Karl Gok, der Halbbruder Hölderlins, ist auf dem Hoppenlaufriedhof begraben

Am Haupteingang verlassen wir den Friedhof, überqueren die **Holzgartenstraße** und kommen via **Breitscheidstraße** auf das Gelände der **Universität Stuttgart**. Wir halten uns rechts und gehen durch die Grünanlage zur **Schellingstraße**. Wir überqueren die Friedrich- und Lautenschlagerstraße und kommen zur **Bolzstraße**, die uns an die nördliche Seite des **Schlossplatzes** bringt. Am Württembergischen Kunstverein vorbei gehen wir links

Eine idyllische Oase inmitten der Stadt: der Hoppenlau-Friedhof ist der älteste der Stadt

um das **Neue Schloss** herum und nehmen die Unterführung unter die **B 14** (Konrad-Adenauer-Straße). Nach wenigen Metern links stehen wir vor der **Württembergischen Landesbibliothek**, in deren Räumen das **Hölderlin-Archiv** untergebracht ist. Vom Hoppelau-Friedhof hierher sind es 1,5 Kilometer.

Das Hölderlin-Archiv in der Württembergischen Landesbibliothek birgt die umfangreichste Schriftensammlung des Dichters

Unsere letzte Station ist das ***Alte Waisenhaus*** am **Charlottenplatz**, nur ein Steinwurf entfernt. Das heutige Institut für Auslandsbeziehungen war in Hölderlin'scher Zeit eine Kaserne, die vor ihrer Fertigstellung in ein ***Arbeits-, Waisen- und Zuchthaus*** umgewidmet wurde. Hier lebte und wirkte der Studienfreund **Ludwig Neuffer** als Hilfsgeistlicher und Prediger, bis er 1803 Diakon in Weilheim unter Teck wurde. Hölderlin hat den Freund aus Tübinger Studientagen, der auch dichterisch aktiv war, während seiner Aufenthalte in Stuttgart mehrmals aufgesucht.

Die gut erhaltene geschlossene Vierflügelanlage überrascht im Hof mit einer oasenhaft ruhigen Biergarten-Atmosphäre mitten in der umtriebigen Landeshauptstadt.

In unmittelbarer Umgebung stand in der Holzstraße 16 auch die Buchhandlung des **Verlegers Steinkopf**, der Hölderlins geplante Literaturzeit-

Hölderlin hat seinen Freund Neuffer, der als Prediger im Waisenhaus arbeitete, mehrfach besucht

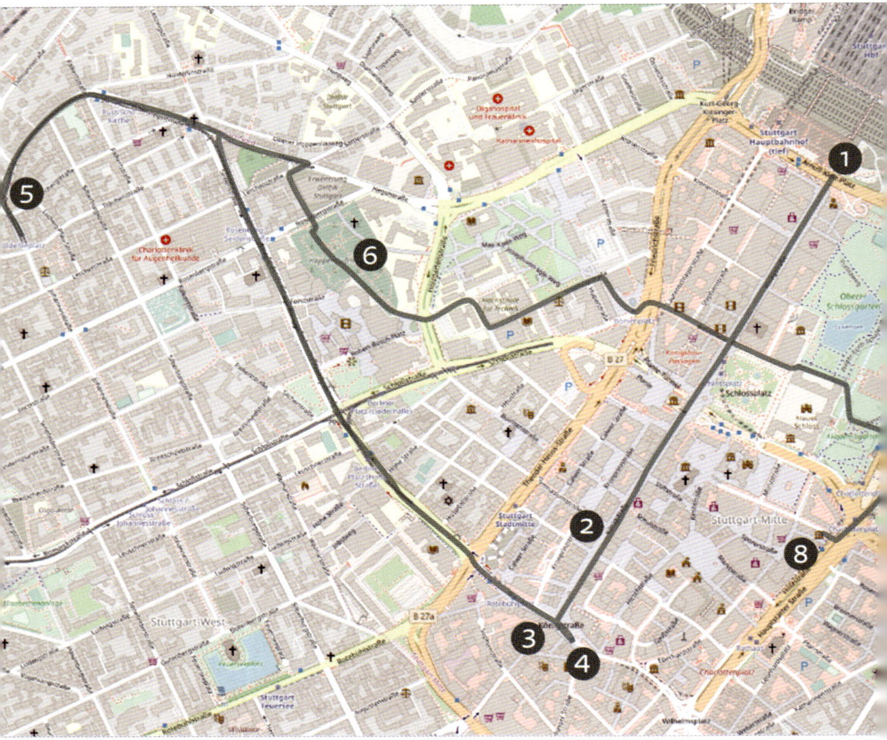

1 Ausgangspunkt: Hbf. Stuttgart
2 Ehem. Haus von C. Landauer, Königstraße 48–52
3 Ehem. Hotel *Römischer Kaiser*, Rothebühlplatz
4 Hegel-Geburtshaus, Eberhardstraße 53
5 Hölderlin-Denkmal, Hölderlinplatz
6 Hoppenlau-Friedhof
7 Württembergische Landesbibliothek, Hölderlin-Archiv
8 Endpunkt: Altes Waisenhaus, Charlottenplatz

schrift **Iduna** schlussendlich nicht realisierte, weil ihm das Projekt ohne die Unterstützung der *Titanen* Goethe und Schiller finanziell nicht lohnenswert erschien. Die Holzstraße fiel dem mehrspurigen Ausbau der Esslinger Straße zum Opfer. Direkt neben dem Alten Waisenhaus ein anderes historisches Gebäude: das ehemalige **Hotel Silver**, im Dritten Reich **Gestapo-Zentrale** und heute **Museum**.

Friedrich Hölderlin – Biographie

1770 *20. März*: Johann Christian Friedrich Hölderlin wird in Lauffen am Neckar als Sohn des Klosterhofmeisters Heinrich Friedrich Hölderlin und seiner Frau Johanna Christiana, geb. Heyn, geboren.

1772 *Juli*: Tod des Vaters nach einem Schlaganfall.

1774 *Oktober*: Hölderlins Mutter geht eine neue Ehe mit Johann Christoph Gok ein. Die Familie zieht nach Nürtingen um.

1776 Beginn des Besuchs der Nürtinger Lateinschule.

1779 *März*: Tod des Stiefvaters Gok nach einer Lungenentzündung.

1784 *Oktober*: Hölderlin tritt in die niedere Klosterschule Denkendorf ein.

1786 *Oktober*: Einzug von Hölderlins Schuljahrgang in die höhere Klosterschule Maulbronn (*Promotion*).
Beginn der Liebe zu Louise Nast (*Stella*), der Tochter des Maulbronner Klosterverwalters, mit der er sich 1788 verlobt.

1788 *Juni*: Reise zu Pferd nach Speyer in die Pfalz.
Oktober: Gleichzeitig mit Georg Wilhelm Friedrich Hegel zieht Hölderlin ins Tübinger Stift ein.

1790 Erste Beschäftigung mit der Philosophie Immanuel Kants.
In Anknüpfung an Schillers Lyrik entstehen bis 1793 die *Tübinger Hymnen*.
März: Gründung des Aldermannsbundes mit Neuffer und Magenau.
Sommer: Bekanntschaft mit Elise Lebret, der Tochter des Kanzlers der Universität, die er in seinen Gedichten *Lyda* nennt.
September: Hölderlin legt das Magisterexamen ab.

1791 *September*: Veröffentlichung von vier Gedichten Hölderlins in dem von Gotthold Friedrich Stäudlin herausgegebenen *Musenalmanach fürs Jahr 1792*.

1793 *Juni*: Hölderlin besteht das Abschlussexamen.
November: Auf Empfehlung Schillers wird Hölderlin zum Hofmeister der Familie von Kalb bestellt. Ankunft auf dem Landsitz der Familie von Kalb in Waltershausen (Franken).

1794 *November*: Reise mit seinem Zögling Fritz von Kalb nach Jena. Mehrere Besuche bei Schiller, bei dem Hölderlin das erste Mal Goethe begegnet.

1795 *Januar*: Nach Lösung des Arbeitsverhältnisses im Hause von Kalb, kehrt Hölderlin nach Jena zurück.
März: Beginn der intensiven Freundschaft mit Isaac von Sinclair.
Juni: Hölderlin bricht seinen Aufenthalt in Jena unvermittelt ab und reist nach Nürtingen.

1796 *Januar*: Antritt der Hofmeisterstelle im Hause Gontard in Frankfurt am Main.
Mai: Beginn der Liebe zu Suzette Gontard (*Diotima*).
Juli: Ohne den Hausherrn fliehen die Gontards mit Hölderlin vor den anrückenden Franzosen nach Kassel und Bad Diburg. Bekanntschaft mit Wilhelm Heinse.
September: Hölderlin kehrt mit den Gontards nach Frankfurt am Main zurück.

1797 Januar: Hegel trifft in Frankfurt am Main ein und tritt auf Hölderlins Vermittlung eine Hofmeisterstelle bei der Familie Gogel an.
April: Auf Vermittlung Schillers erscheint der erste Band des *Hyperion* bei Cotta in Tübingen.

1798 *September*: Nach einer Auseinandersetzung mit dem Hausherrn gibt Hölderlin seine Hofmeisterstelle bei den Gontards auf. Auf Vermittlung Sinclairs wohnt er in Homburg und hält durch heimliche Treffen und Briefe bis Mai 1800 Kontakt zu Suzette Gontard.

1799 Hölderlin plant die Herausgabe der Zeitschrift *Iduna*.
Der zweite Band des *Hyperion* kommt heraus.

1800 *8. Mai*: Letztes Wiedersehen mit Suzette Gontard am Adlerflychtschen Hof in Frankfurt.

20. *Juni*: Nach einem zehntägigen Aufenthalt in Nürtingen siedelt Hölderlin nach Stuttgart über. Intensive lyrische Produktion (Oden und Elegien).

1801 15. *Januar*: Antritt der Hofmeisterstelle im Hause Gonzenbach in Hauptwil (Schweiz).
13. *April*: Trennung vom Hause Gonzenbach und Abreise nach Nürtingen.
Dezember: Aufbruch nach Bordeaux über Straßburg und Lyon.

1802 28. *Januar*: Antritt der Hofmeisterstelle in Bordeaux.
Mai: Hölderlin gibt die Hofmeisterstelle bei Konsul Meyer auf und kehrt über Paris nach Deutschland zurück.
Juli: In Stuttgart erfährt Hölderlin vom Tod Suzette Gontards (gest. 22. Juni 1802).

1804 22. *Juni*: Reise mit Sinclair nach Homburg.

1805 *Februar*: Verhaftung Sinclairs wegen angeblichen Hochverrats. Die Untersuchung, die sich auch auf die Person Hölderlins erstreckt, verläuft ergebnislos.

1806 15. *September*: Einlieferung Hölderlins in das Autenriethsche Klinikum in Tübingen.

1807 3. *Mai*: Hölderlin wird als unheilbar aus der Klinik entlassen. Seine Pflege übernimmt der Schreinermeister Ernst Zimmer, in dessen Haus Hölderlin bis zu seinem Tode das *Turmzimmer* bewohnt.

1828 17. *Februar*: Tod der Mutter.

1838 18. *November*: Tod Ernst Zimmers. Seine Tochter Charlotte Zimmer setzt Hölderlins Betreuung fort.

1843 7. *Juni*: Tod Hölderlins.
10. *Juni*: Beerdigung auf dem Stadtfriedhof in Tübingen.

(Quelle: www.zeno.org-Contumax GmbH&CoKG)

Literatur zu Hölderlin (Auswahl)

Hans Jürgen Balmes (Hrsg.): *Friedrich Hölderlin. Gesammelte Werke*, Frankfurt/M. (FTB)
Friedrich Beißner u. a. (Hrsg.): *Friedrich Hölderlin. Sämtliche Werke*, Große Stuttgarter Ausgabe, Stuttgart 1943–1985 (StA)
Dietrich E. Sattler u. a. (Hrsg.): *Friedrich Hölderlin. Sämtliche Werke. Frankfurter Ausgabe*, Frankfurt /M. 1975 ff. (FHA)

Sekundärliteratur

Pierre Bertaux: *Friedrich Hölderlin*, suhrkamp taschenbuch 1981 (Erstauflage)
Ingrid Dolde, Eva Ehrenfeld (Hrsg.): *„Wohl geh ich täglich andere Pfade." Friedrich Hölderlin und seine Orte*, belser-Verlag
Peter Härtling: *Hölderlin. Ein Roman*, dtv 1993
Johann Kreuzer (Hrsg.): *Hölderlin-Handbuch*, Metzler 2011
Gunter Martens: *Friedrich Hölderlin*, Rowohlt Monographie 2000
Wilhelm Waiblinger: *Friedrich Hölderlins Leben, Dichtung und Wahnsinn*, Schwäbische Verlagsanstalt 1981
Rüdiger Safranski; *Hölderlin. „Komm! ins Offene, Freund!" Biographie*, Hanser Verlag 2019

Nützliche Adressen

Hölderlin-Gesellschaft Tübingen
PF 210233
72025 Tübingen
Tel. 0 70 71 / 2 20 40
info@hoelderlin-gesellschaft.de
www.hoelderlin-gesellschaft.de

Hölderlinturm Tübingen
Museum mit Dauerausstellung
Bursagasse 6
72070 Tübingen
Tel. 0 70 71 / 2 20 40
Öffnungszeiten: Di 10–12 und 15–17 Uhr, Do 10–12 und 15–17 Uhr, Fr 10–12 und 15–17 Uhr, Mi 10–12 und 15–17 Uhr, Sa 14–17 Uhr, So 14–17 Uhr

Hölderlin-Archiv in der Württembergischen Landesbibliothek
Konrad-Adenauer-Straße 8
70173 Stuttgart
Öffnungszeiten: Mo–Fr 10–13 Uhr, 14–17 Uhr
Tel. 07 11 / 2 12 43 82
hoelderlin@wlb-stuttgart.de

Hölderlinhaus Lauffen
Nordheimer Straße 5
73438 Lauffen
Öffnungszeiten: Do 17–20 Uhr, Sa + So 13–18 Uhr

Hölderlin im Stadtarchiv Bad Homburg
Villa Wertheimber
Tannenwaldallee 50
61348 Bad Homburg
Öffnungszeiten: Di 9–16 Uhr, Mi 14–19 Uhr, Fr 9–12 Uhr
stadtarchiv@bad-homburg.de

Hölderlin-Abteilung im Stadtmuseum Nürtingen
Wörthstraße 1
72622 Nürtingen
Tel. 0 70 22 / 3 63 34
stadtmuseum@ntz.de
www.stadtmuseum-nuertingen.de
Öffnungszeiten: Di, Mi, Sa 14.30–17 Uhr, So 11–18 Uhr

Hölderlin-Nürtingen e.V.
c/o Ingrid Dolde
Geigersbühlweg 15
72663 Großbettlingen
www.hoelderlin-nuertingen.de

Abkürzungen

Bf.	Bahnhof
DLA	Deutsches Literaturarchiv
Erw.	Erwachsene
Fe	Feiertag
FW	Fachwerk
Gfs.	Grafschaft
GH	Gasthof
h	Stunde(n)
Hbf.	Hauptbahnhof
HS	Haltestelle
m	Meter
m ü. N. N.	Über Meereshöhe
mü.	mütterlicherseits
NFH	Naturfreundehaus
NSG	Naturschutzgebiet
ÖZ	Öffnungszeiten
OT	Ortsteil
R	Radtour
RE	Regionalexpress
RT	Ruhetag
RW	Radweg
U-HS	U-Bahn-Haltestelle
W	Wandertour
WE	Wochenende
WLB	Württembergische Landesbibliothek

Namensregister

Bildnachweis

US vorne oben	F. Hölderlin, Pastell v. F. K. Hiemer 1792, DLA Marbach; Lauffen von Südosten, um 1800, unbek., Wikimedia Commons
US hinten oben	Büste der Susette Gontard, Landolin Ohnmacht, um 1795, Liebighaus Skulpturensammlung -ARTOTHEK; unten: Autor Portrait von Lena Ensslen-Imbery
S. 8	links: Caspar Obach, ca. 1850, Wikimedia Commons; Mitte: Heinrich Friedrich Hölderlin, 1767, DLA Marbach; rechts: Lauffen, Hölderlins Geburtshaus, um 1840, Wikimedia Commons
S. 13	Johanna Christiana Hölderlin, 1767, Wikimedia Commons
S. 25	Michaelsberg bei Cleebronn, K. Jähne, 2006, Wikimedia Commons
S. 26	Nürtingen 1683, Andreas Kieser, Wikimedia Commons
S. 43	Hölderlin Erstdruck *Die Heimath*, Württembergisches Taschenbuch auf das Jahr 1806, Wikimedia Commons
S. 57	getuschter Schattenriss von Louise Nast, forgotten-history.de
S. 59	Friedrich Gottlieb Klopstock, Portrait 1792, Museum für Hamburgische Geschichte, Wikimedia Commons
S. 73	Herzog Carl Eugen von Württemberg, 1782, Residenzschloss Ludwigsburg, Wikimedia Commons
S. 74	Tübingen um 1820, O. F. Strodtbeck, Stadtmuseum Tübingen, Wikimedia Commons
S. 76	C. F. D. Schubart, vor 1804, August Friedrich Oelenhainz, Wikimedia Commons
S. 77	oben: Friedrich Wilhelm Joseph von Schelling, ca. 1800, Friedrich Tieck, Wikimedia Commons; unten: G. W. F. Hegel, Gedenkmarke Deutsche Bundespost 1970, Wikimedia Commons
S. 80	Wilhelm Waiblinger, Selbstbildnis, Wikimedia Commons
S. 81	Brief Ernst Zimmers, Stadtmuseum Nürtingen
S. 82 oben	Hölderlin Wachsrelief von Wilhelm Paul Neubert, um 1840, DLA Marbach
S. 104	Beschießung Frankfurts 13.07.1796, Gouache von Christian Georg Schütz u. Regina C. Carey, Wikimedia Commons
S. 105	Büste der Susette Gontard, Landolin Ohnmacht, um 1795, Liebighaus Skulpturensammlung-ARTOTHEK
S. 106	Relief Susette Gontard, Landolin Ohnmacht, KulturGut, Heft 27, 2010, Titel, Germanisches Nationalmuseum Nürnberg
S. 108	Brief Susette Gontard an Hölderlin, 1800, Hölderlin-Archiv WLB Stuttgart
S. 110	Der Weiße Hirsch um 1840, nach L. Fay, FFM Historisches Museum, Wikimedia Commons
S. 114	Karte Landgrafschaft Hessen-Homburg, Putzger, 1965, Wikimedia Commons
S. 115 oben	Portrait Friedrich V. von Hessen-Homburg, um 1790, Wikimedia Commons
S. 116	oben: Hölderlin Faksimile *Patmos*, Stadtarchiv Bad Homburg; unten: Taschenbuch für das Jahr 1805, Wikimedia Commons

S. 119 oben	Isaac von Sinclair, Gem. Favorin Lerebours, 1808, Museum im Gotischen Haus Bad Homburg, Wikimedia Commons
S. 120	Originalhandschrift Hölderlin an I. v. Sinclair, Stadtarchiv Bad Homburg
S. 128	Hölderlin um 1800, unbek., WLB Stuttgart
S. 133	Christian Landauer um 1800, unbek., Wikimedia Commons
S. 134	Erster Stuttgarter Stadtplan mit Häusernummerierung, 1794, WLB Stuttgart
S. 135 oben	König Friedrich von Württemberg 1806, Gem. Johann Baptist Seele, WLB Stuttgart, Wikimedia Commons; unten: Obertürkheim und Neckartal, 2010, Rainer Kaelcke, Wikimedia Commons
S. 139	Hölderlin Originalhandschrift *Empedokles*, zw. 1797 und 1800, Wikimedia Commons
S. 140	Pindar-Büste, Kapitolinische Museen Rom, Jastrow, Wikimedia Commons
S. 142 oben	Haus von Christian Landauer (zweites von links), um 1800, Wikimedia Commons.

Alle anderen Aufnahmen stammen vom Autor.

An die Parzen*

Nur Einen Sommer gönnt, ihr Gewaltigen!
Und einen Herbst zu reifem Gesange mir,
Daß williger mein Herz, vom süßen
Spiele gesättiget, dann mir sterbe.

Die Seele, der im Leben ihr göttlich Recht
Nicht ward, sie ruht auch drunten im Orkus nicht;
Doch ist mir einst das Heilge, das am
Herzen mir liegt, das Gedicht, gelungen,

Willkommen dann, o Stille der Schattenwelt!
Zufrieden bin ich, wenn auch mein Saitenspiel
Mich nicht hinab geleitet; Einmal
Lebt ich, wie Götter, und mehr bedarfs nicht.

Friedrich Hölderlin 1798

* Die Parzen sind die römischen Schicksalsgöttinnen

Weitere Werke des Autors Dieter Balle:

Dieter Balle

Kultur- und Naturführer Oberrhein

Zwischen Mannheim und Basel. Zu Fuß und mit dem Rad umweltfreundlich unterwegs

Durch seine Kulturschätze, seine herrlichen Landschaften, schönen Städte und nicht zuletzt seine geographischen und klimatischen Besonderheiten bietet sich der Oberrheingraben als Ausflugsziel geradezu an. Entlang des Rheins gibt es vom Markgräflerland bis zur Kurpfalz ein gut ausgebautes Radwegenetz, aber auch herrliche Wanderstrecken bis hinauf zu den Ausläufern des Schwarzwaldes. Sie finden in diesem farbigen und reich bebilderten Kultur- und Naturführer Oberrhein über 20 detailliert beschriebene Rad- und Wandertouren bzw. Stadtwanderungen, die Ihnen die Höhepunkte in Stadt und Land nahebringen.

120 Seiten mit ca. 140 farbigen Abb. und 9 Karten, handliches Taschenformat, Broschur.
ISBN 978-3-89735-496-8.

Dieter Balle

Kultur- und Naturführer Kraichgau

Zu Fuß und mit dem Rad aktiv unterwegs

Die „deutsche Toskana", zwischen Rhein und Neckar, Odenwald und Schwarzwald bietet herrliche Natur mit dichten Wäldern, Weinbergen, Streuobstwiesen und Hohlwegen zwischen sanften Hügeln. Auch beschauliche Dörfer und Kleinstädte abseits der großen Trampelpfade haben kulturgeschichtlich viel zu bieten: Mannigfache Burgen, Schlösser, Museen und bedeutende Fachwerk-Ensembles sowie das zum Weltkulturerbe zählende Kloster Maulbronn oder die Kaiserpfalz in Wimpfen. Entdecken Sie das Land der 1000 Hügel zu Fuß oder mit dem Rad.

Dritte, erweiterte und aktualisierte Auflage. 128 Seiten, mit 177 farb Abb., 1 Übersichtskarte und 13 Tourenkarten.
ISBN 978-3-89735-632-0.

Impressum

Bibliographische Information der Deutschen Bibliothek:
Die Deutsche Bibliothek verzeichnet diese Publikation in der Deutschen Nationalbibliographie; detaillierte Daten sind im Internet über http://dnb.de abrufbar.

Titel:	„Komm! ins Offene, Freund!"
Untertitel:	Unterwegs mit Friedrich Hölderlin im deutschen Südwesten
Herstellung:	**verlag regionalkultur (vr)**
Autor:	Dieter Balle (Dieter.Balle@t-online.de)
Layout/Satz:	Daniela Waßmer (vr), Andrea Sitzler (vr)
Umschlaggestaltung:	Jochen Baumgärtner (vr)
Endkorrektorat:	Michael Kohler (vr)
Kartengrundlage:	www.openstreetmap.org

ISBN: 978-3-95505-074-0

Diese Publikation ist auf alterungsbeständigem und säurefreiem Papier (TCF nach ISO 9706) gedruckt entsprechend den Frankfurter Forderungen.

verlag regionalkultur
Heidelberg – Ubstadt-Weiher – Weil am Rhein – Speyer

Korrespondenzadresse:
Bahnhofstraße 2 · 76698 Ubstadt-Weiher · Telefon 07251 36703-0 Telefax 36703-29
E-Mail kontakt@verlag-regionalkultur.de · Internet www.verlag-regionalkultur.de

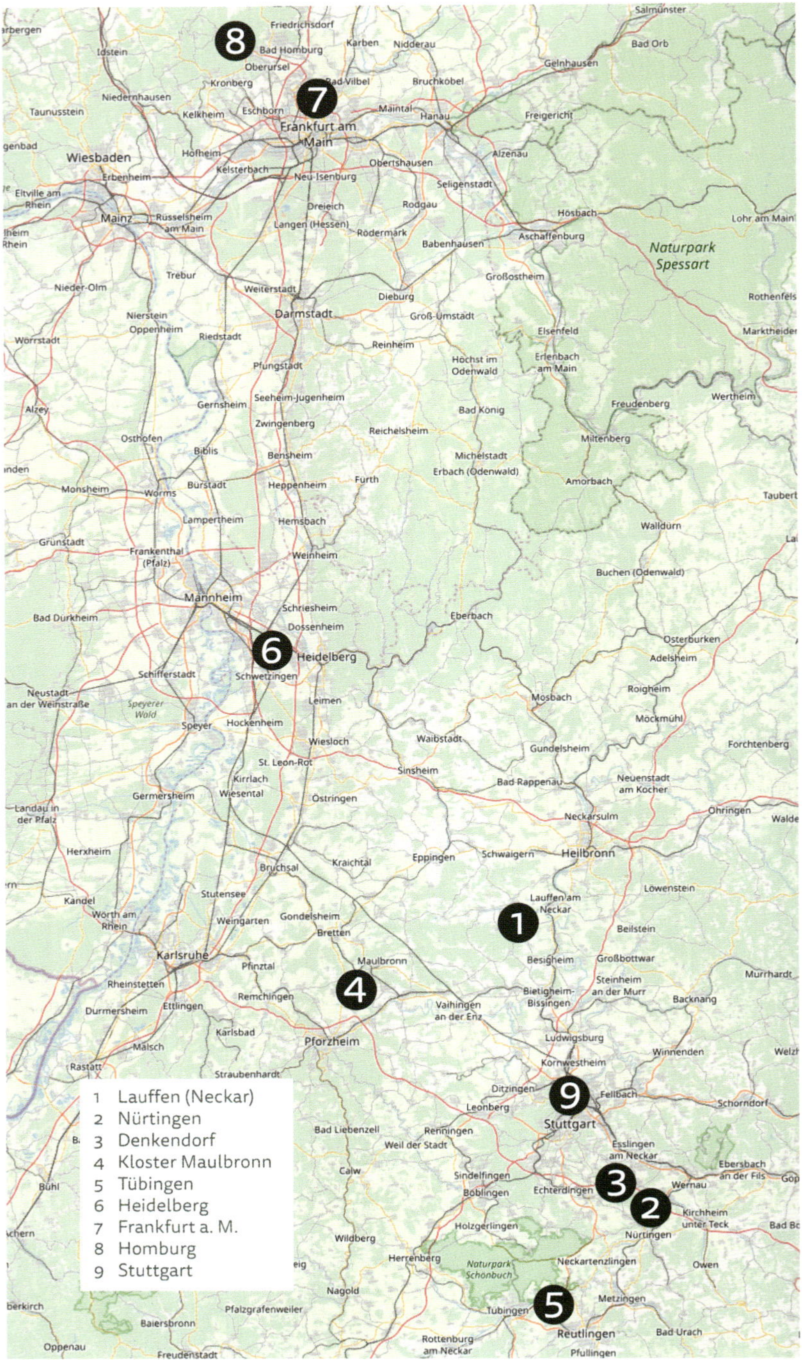
1 Lauffen (Neckar)
2 Nürtingen
3 Denkendorf
4 Kloster Maulbronn
5 Tübingen
6 Heidelberg
7 Frankfurt a. M.
8 Homburg
9 Stuttgart
Friedrichsdorf
Bad Homburg
Oberursel
Kronberg
Idstein
Karben
Nidderau
Bad Vilbel
Bruchköbel
Gelnhausen
Bad Orb
Salmünster
Niedernhausen
Taunusstein
Kelkheim
Eschborn
Frankfurt am Main
Maintal
Hanau
Freigericht
Wiesbaden
Hofheim
Kelsterbach
Erbenheim
Neu-Isenburg
Obertshausen
Alzenau
Seligenstadt
Eltville am Rhein
Mainz
Rüsselsheim am Main
Dreieich
Rodgau
Langen (Hessen)
Rödermark
Hösbach
Aschaffenburg
Babenhausen
Lohr am Main
Naturpark Spessart
Trebur
Nieder-Olm
Weiterstadt
Dieburg
Großostheim
Darmstadt
Groß-Umstadt
Nierstein
Oppenheim
Riedstadt
Wörrstadt
Eisenfeld
Reinheim
Pfungstadt
Höchst im Odenwald
Erlenbach am Main
Alzey
Gernsheim
Seeheim-Jugenheim
Zwingenberg
Bad König
Freudenberg
Wertheim
Reichelsheim
Osthofen
Biblis
Bensheim
Michelstadt
Miltenberg
Erbach (Odenwald)
Monsheim
Worms
Bürstadt
Heppenheim
Furth
Amorbach
Lampertheim
Hemsbach
Walldürn
Grünstadt
Frankenthal (Pfalz)
Weinheim
Buchen (Odenwald)
Mannheim
Schriesheim
Bad Dürkheim
Dossenheim
Eberbach
Heidelberg
Osterburken
Adelsheim
Schifferstadt
Schwetzingen
Neustadt an der Weinstraße
Speyerer Wald
Leimen
Mosbach
Roigheim
Speyer
Hockenheim
Möckmühl
Wiesloch
Waibstadt
Gundelsheim
Forchtenberg
St. Leon-Rot
Sinsheim
Kirrlach
Bad Rappenau
Neuenstadt am Kocher
Germersheim
Wiesental
Östringen
Landau in der Pfalz
Neckarsulm
Öhringen
Herxheim
Kraichtal
Eppingen
Schwaigern
Heilbronn
Bruchsal
Löwenstein
Stutensee
Lauffen am Neckar
Kandel
Wörth am Rhein
Weingarten
Gondelsheim
Bretten
Beilstein
Karlsruhe
Maulbronn
Besigheim
Großbottwar
Pfinztal
Murrhardt
Rheinstetten
Steinheim an der Murr
Bietigheim-Bissingen
Remchingen
Vaihingen an der Enz
Backnang
Durmersheim
Ettlingen
Karlsbad
Pforzheim
Ludwigsburg
Malsch
Winnenden
Rastatt
Straubenhardt
Kornwestheim
Ditzingen
Fellbach
Leonberg
Schorndorf
Stuttgart
Bad Liebenzell
Renningen
Weil der Stadt
Esslingen am Neckar
Calw
Sindelfingen
Ebersbach an der Fils
Bühl
Böblingen
Echterdingen
Wernau
Kirchheim unter Teck
Holzgerlingen
Nürtingen
Wildberg
Herrenberg
Naturpark Schönbuch
Neckartenzlingen
Owen
Nagold
Metzingen
Pfalzgrafenweiler
Tübingen
Baiersbronn
Reutlingen
Bad Urach
Rottenburg am Neckar
Oppenau
Freudenstadt
Pfullingen